文峰
烏龍

親愛的老闆們，因爲你們，讓台南更可愛。

台南
老店散步

回味本町摩登老時光

陳貴芳
（鱷魚）
圖・文

·推薦序·

在民權老街，一手繪筆一手筷子

王浩一

許多地方都在說屬於自己的那一條老街，他們都想從老街的故事，走出小鎮觀光的最大值。

這些小鎮，奮力彰顯著它們創建於日治時期的巴洛克建築老街，那些女兒牆的建築語彙，那些磚造拱圈的亭仔腳，都成了宣傳的重點，置身其中有幾間百年老店錯落，也被敘述著創店身世和老行業。但是，話說台灣所有的老街們，當「台南民權路」出聲之際，大老現身，那些小鎮老街該退居一旁，眾聲喧嘩的它們，也該靜音了。

台南民權路創建於荷據時期，當時稱之「普羅民遮街」，那是一個比鄭成功來台灣更早的時代。之後的明鄭時期，甚至後來的清領時期，這條老街長久以來都是台灣府城的交通脊梁，台灣最久遠的商業大街，富饒，大氣。所以，歷史的重量在這裡，「悠遠深厚」的形容是恰當的，這條老街的尊貴身世也比其他鄉鎮的野趣老街，更加值得探訪。過去，這條民權老街有許多文史工作者，留下諸多著作與描述，我也曾經跟隨這些前輩的文字，走踏在此近四百年的老街上，有驚嘆，有吟哦，也有懷舊。

當年，我在此地進行歷史建築記錄之際，從閱讀史料開始，再手繪這些古蹟的建築體，屋瓦、樑柱、磚牆和各式窗櫺，然後也書寫台南舊城的過往。當時，我所說的故事，從台江海濱的濤聲開始，一群荷蘭人在此登岸，許多漢人也來此集居，他們鑿了井，建了屋，許多人家漸漸形成市井。人來了，店肆熱鬧了。於是街道從西邊一路延伸到東邊，從海濱港滬到阡陌山林。人潮開始在此流動成市河，沿路的店家成了台南舊城最重要也最久遠的街道，有賣花草的，有打鐵的，有賣鞋賣帽的……歷史稱它爲「十字大街」。

這一路，有不遠處的荷蘭留下的普羅民遮城的遺跡，有鄭成功所創建的北極殿，也有更多的清領時期的商業空間，當然，日治時期的公會堂和巴洛克街屋建築，更是少不了。走動在此，宛如訪踏在一部台灣的發展史之上；穿梭在此，彷彿進出在先民的生活場景。當年，我的書寫也停頓在此，沒有進入那些百年老店，少了先民生活的觀察和紀錄。是的，這條街道的故事，今天依然以「生活」演繹著先民的傳承，以「博物館」記錄著文化的史頁，只是我往前，再往前，於是我漸漸地離開這裡，也遺忘了老街的歷史脈動。

而這一切，我的察覺回來了。

接收出版社的序文邀約。當我第一次看到作者的畫稿，欣然發現她以繪筆作爲「導覽」，圖像不僅好看，且鉅細靡遺地帶領我們的視覺進入「古早味的生活細節」，讓我們從「觀看」進入「閱讀」的狀態。以前，我也曾像旅客一般走在這條老街上，走馬看花，但是都不及作者用一筆一筆地「閱讀」那些古味器具──那些有先民溫潤的器具。於是，我也學他用「端詳」的態度，進入「先民」的世界，每翻開一頁，映入的驚喜繪畫內容，哇……這個東西還在啊，內心的小驚嘆，便一次一次在作者畫筆的帶領下，有了走入先民生活場域的歡愉。

我從走踏到書寫，從探索到認識，也從親近到遺忘，而今，我又回來了。

或許，用攝影也是辦法之一。但攝影卻無法如此感動人心，也無法如此輕易讓人聚焦。用「畫筆的語言」導覽，我一直相信這是了不起的技能。以前，關於台南舊城的文史工作者的作品少有如此方式。但是，近年隨著不少年輕的插畫家旅居台南，他們帶來了不同「欣賞」舊城的方式，和呈現的樣貌。也讓「出版台南舊城」這件事，開始不一樣了。插畫家們，先是以不同筆觸把老街角落，展現成賞心悅目的街景畫面。近來，更進化成輕巧的旅行地圖，易讀，容易讓人穿街走巷，輕鬆自在散步。然而，《台南老店散步》這本書的出現，作者陳貴芳更讓古老的器具有了更鮮活地「被看到」，讓人明白原來先民的生活細節依然「活著」，於是，我們更讚嘆先民的智慧，津津樂道當年的生活巧思。民權老街果然還凌駕於其他小鎮的老街。書本中，也記錄下老店家的美食，古早味，用繪筆描述後，彷彿更加馨香、迷人。

從點到線，也從繁複到精緻。這群新興插畫家，讓台南舊城更年輕了，也讓台南舊城更動人了。

作者序

與時間賽跑的紀錄

陳貴芳

2012年因為台南市社區大學的課程邀約，我規畫了「跟著插畫家去旅行」的活動，當時設計了兩條路線，以插畫家的角度，帶領大家拜訪府城老行業。參訪的過程發現這主題很有意義，藉由走讀老店觀察台南的過往面貌，也從細節中發現一座城市形成的文化脈絡。

這本書的文字和圖像是並重的，由於我較擅長以畫筆寫生，用手繪的方式記錄建築和有趣的人事物，因為畫圖不像攝影是呈現眞實，而是利用繪者的眼睛將景物過濾後的結果，是透過繪者的解讀記錄下每個店家的故事。然而用文字介紹店家也是重要的，提供非視覺性的想像空間給讀者，不擅長寫作的我試著以文字描述對老店的想法，也許是感動的片段或是觀察到的小細節，寫下用畫畫無法傳遞的情感。我在這本書中以旅行寫生的方式來描繪故鄉的老店，用旅人的眼光寫出拜訪店家的心情。

「寫生」是跟陌生人攀談的最佳方式，更是我和店家的連結話題。其實訪談店家時，並沒有告知全部的店家我是為了寫書才來的，一方面很好奇如果不是因為採訪的緣故，老闆對待我的態度會不一樣嗎？走入陌生的店家，我通常會以由於喜歡老店的氣氛，想畫下來收藏在畫本中，作為我的開場白；後來證實我是多慮了，不知情的老闆們通常會好奇我為什麼要畫他們家，接著就拉張椅子請我坐下，有時會倒上一杯茶請我潤喉，所以我時常一邊畫畫一邊和老闆聊天。他們忙於店務之外不時也會隔段時間就來看看我畫了什麼，閒聊一會兒又繼續彼此手邊的工作。

有時寫生時間一長，老闆常會忘了我這個外人還在店裡，所以常有機會見到老闆眞性情的一刻——和老婆鬥嘴，與鄰居閒話家常，甚至全家大啖八卦……這些現場經驗都很有趣。而訪談老店家最棒的就是聽到店家歷史或是老物件背後的故事，老店之所以讓人迷戀，我想就是那些以歲月堆疊出的故事所構築出的輪廓吧，而也只有從老闆們的口中，才可能勾勒出屬於那個時代的古早味。由於寫生是速度較慢的記錄方式，常需要在店家停留較長的時間，有時是一個下午，有時是一整天，有些甚至要去很多回，隔段時間再去的時候，老闆還會問說：「妳怎麼這麼久沒來！」和受訪者成爲朋友，是出版這本書的最大收穫。

拜訪老店不用擔心面臨店面歇業的窘境，因爲這些店家最少都有三十年以上的歷史，反而是「人」的問題比較令人擔憂。這本書前後製作約三年半的時間，由於不少老闆是老人家，初次見面時他們看起來都還很健康，沒想到隔一兩年再見面，有些人已開始使用助行器，有的則是住到安養院去了，隨著時間過去，不少老闆的身體狀況每況愈下。每回我經過那些店家時，都忍不住探頭想看看他們是否一切安康，因爲如果書還沒未出版就有老闆因病離世，對我而言將是多麼大的遺憾。於是在這樣趕書的過程中也逐漸領悟到，拜訪老店家眞的是與「時間」賽跑的紀錄啊。

這段時間，我發現不同類型的店家都有著相似的職人風範，當我一筆筆畫下職人專注認眞的神情與細膩講究的製作過程，逐漸體認到一股「堅持」是他們共同令人敬佩的精神，而這些老店家就是以這樣的堅持，默默傳遞著台南骨子裡的傲氣性格。

最後很開心這本書的出版，讓我有機會認識府城挺過數十年時光的老店，也很高興看到許多老店的下一代願意接棒傳承家業，讓台南這座老城市以文化底蘊爲養分，孕育出更具人文氣息的府城印象。

目次
Contents

「記錄老店家的裝備」

Hi！我是ㄜˋㄙˊ，
我喜歡畫畫和旅行，
出門會隨身帶著簡單的畫具。
所以這本書我用「旅行寫生」的方式進行，
實地拜訪店家，
用「旅人」態度記錄老店面貌……

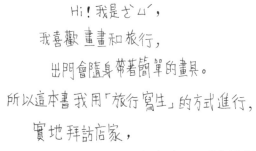

寫生工具

1. 塊狀水彩。

美術社就可以買到！

4. 水筆。

日系品牌，有大、中、小尺寸可用。

3. 油性簽字筆。

廠牌不限，只要是油性的就可以。

2. 自製布面寫生本。

內頁是水彩紙，尺寸比A4小一些，方便攜帶，因為是自製的寫生本，市面買不到。

又畫又寫。

將訪談內容寫在寫生稿背面，不但環保不浪費紙張，
也可以預防日後找不到文稿的麻煩。

◈ 散步時間：約 1.5~2 小時

◈ 洗手間：公會堂與東嶽殿

◈ 公車：14、99（吳園站）

◈ 步行：火車站步行到公會堂約 15 分鐘

◈ 開車：民權路和中山路上的停車格較多

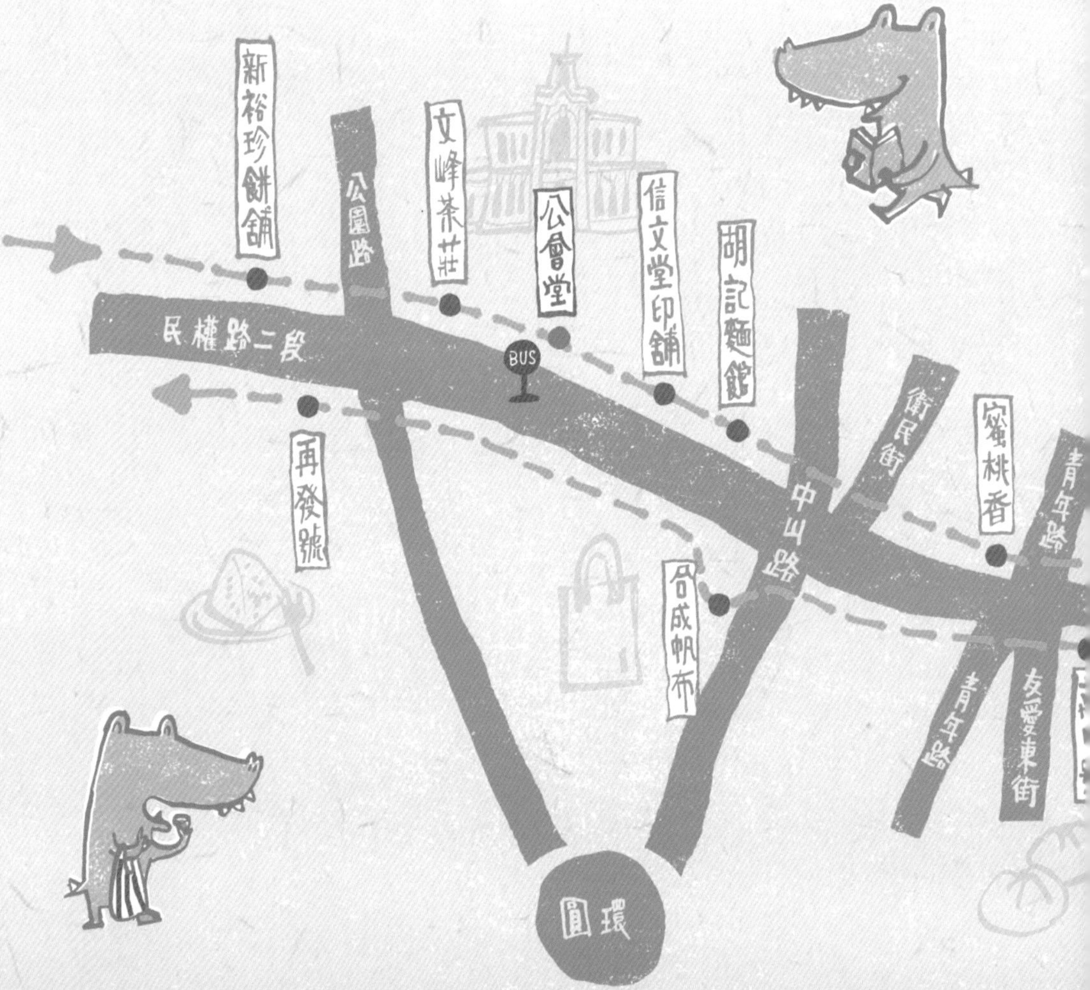

民權路老店家地圖
和成軒佛俱店
左藤紙藝
東嶽殿
新建國戲院
明章榻榻米
民權路一段
圓環
府中街
振發茶行
城隍街
廣興肉脯
萬昌街
蘇家建國肉圓
進德成竹藤店
太陽牌冰品

- 散步時間：約 2~3 小時
- 洗手間：沿途的廟宇都有廁所
- 公車：3、5、88、99（赤崁樓站）
  5、7、14、18、99（西門、民權路口站）
- 步行：火車站步行到全美戲院約 20 分鐘
- 開車：民權路上的停車格較多

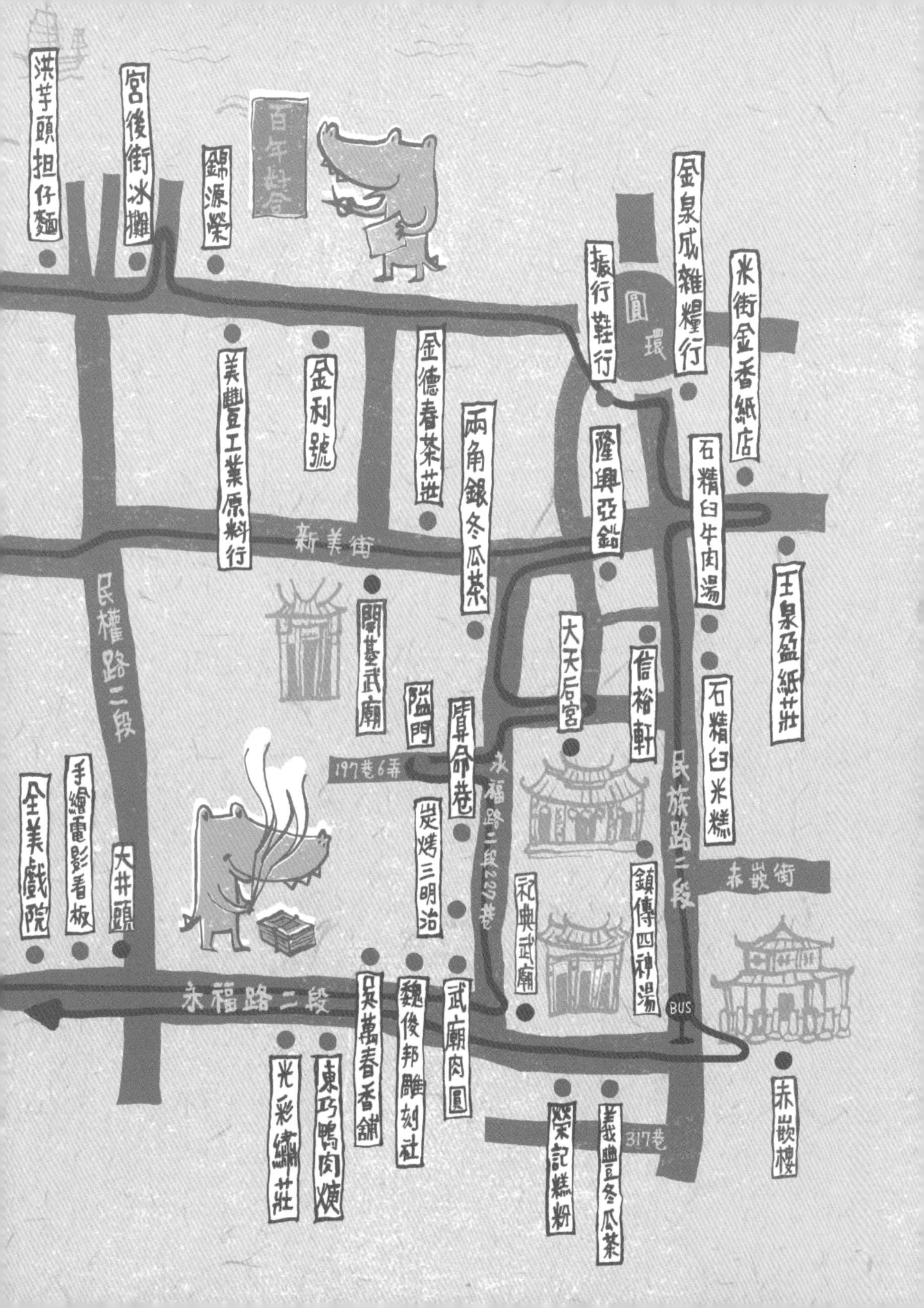

洪芋頭担仔麵
宮後街冰攤
錦源榮
百年好合
金泉成雜糧行
振行鞋行
圓環
米街金香紙店
美豐工業原料行
金利號
金德春茶莊
兩角銀冬瓜茶
隆興亞鉛
石精臼牛肉湯
新美街
王泉盈紙莊
民權路二段
開基武廟
大天后宮
信裕軒
石精臼米糕
隘門
算命巷
197巷6弄
永福路二段227巷
民族路二段
炭烤三明治
赤嵌街
全美戲院
手繪電影看板
大井頭
祀典武廟
鎮傳四神湯
永福路二段
吳萬春香舖
魏俊邦雕刻社
武廟肉圓
BUS
赤嵌樓
光彩繡莊
陳巧鴨肉焿
榮記糕粉
義豐冬瓜茶
317巷

揹帆布包
來這裡散散步

走熱了
吃碗冰

躺榻榻米

肚子餓了
吃盤點心

爲您奉上一壺茶

民權路

新裕珍餅舖

心意十足的古早味小西點

說到新裕珍，印象最深的就是店內西點架上一盤盤堆高如小山的點心吧！不僅吸睛，這家五十年老店販賣的各式古早味點心更令人垂涎欲滴。一兩十八元秤重賣，好似在傳統市場買菜時的情景。

新裕珍老闆柯炳章十五歲起在萬川包子擔任學徒，後來北上學習西點麵包技術，學成後先在美軍俱樂部工作，苦熬到二十七歲出來創業，整整用手推車叫賣了六年的麵包後才創了新裕珍。我在烘焙場畫圖時，柯阿公就在一旁慢慢地捏著小點心，那些掌心中的西點雖小，卻有著老闆多年的堅持──即使原物料不斷漲價，新裕珍依舊使用好食材製作；阿公說老店重的是情義，賣出去的產品代表的是店家，所以不能偷工減料，他的點心加入了「信用」佐味，希望品嚐的客人了解「始終如一」的老店精神。

老闆娘柯陳麵的日式精神也值得學習，只要見到她在店內，一定穿著合宜套裝或洋裝，抹上口紅與淡妝，用盛裝的迎賓之道接待每位上門客人。幾十年來，她把柯阿公做好的小西點，一個個疊成了甜點山，就這麼一年一年地堆疊出府城的老味道。夫妻倆加了「心意」的經營，讓新裕珍西點風味更加迷人。

柯炳章
用心捏成的小點心，
雖小卻"心意十足".
2013.2.15 PM2:30

柯阿公由一個五角的麵包創業，進而研發出椰子酥和開口笑等招牌點心，木頭店招牌上寫著西點麵包和喜慶蛋糕，以及還是五碼的洽詢電話，數十年來新裕珍見證了民權路的繁華與起落。由於阿公年紀大了，體力無法負荷過多的工作量，後來決定停售麵包和蛋糕只賣西點；其實小西點的製作費時又費力，光是製作店內招牌台式馬卡龍就需費時達三小時。

我最喜歡新裕珍的台式馬卡龍，外酥內軟，吃了會有幸福感，如想吃到更多樣的古早小西點，建議可以買包綜合口味的點心，具蛋糕口感的甜甜圈也很有日式風味，和市面上不同的圓形鳳梨酥更令人驚豔。可愛的甜點中加入懷舊感調味，吃在嘴中甜蜜，內心卻滿滿感受老店的精神。如有機會不妨跟老闆與老闆娘聊聊天，同時嚐嚐這些充滿故事的古早味西點。

新裕珍點心

電話號碼還是5碼的時代，
至少有四十年的歷史了!

一個一個慢慢疊成
一座點心山，
一年一年靜靜成為
府城老味道。
柯陳麵
2013.2.15 AM11:30

since 1963

新裕珍餅舖

台南市民權路二段60號
06-2220420
09:00~21:00（週一休）

文峰茶莊

府城三大百年茶行之一

沒有華麗明亮的裝潢，從外頭看起來，這家府城百年老店——文峰茶莊，只是一家傳統的茶行。然而走進文峰茶莊，映入眼中的是架上陳列的一個個年份超過一甲子的亞鉛綠茶罐，一打開，濃冽的茶葉香氣從罐中溢出，彷彿讓來訪客人都能隨著那繞樑的茶香，重返當年的茶行榮景。

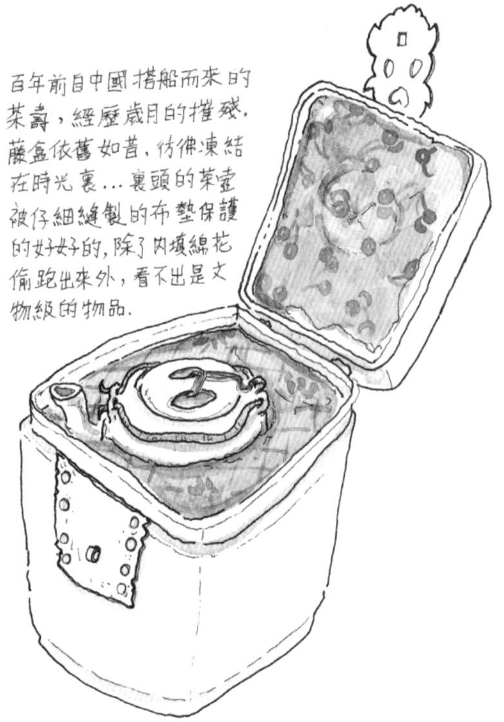
百年前自中國搭船而來的
茶壽，經歷歲月的摧殘，
藤盒依舊如昔，彷彿凍結
在時光裏…裏頭的茶壺
被仔細縫製的布墊保護
的好好的，除了內填綿花
偷跑出來外，看不出是文
物級的物品。

茶壽背後的銅環
（古銅色）
是兩枚古銅錢交疊
而成的…
2013.1.15 AM11:30

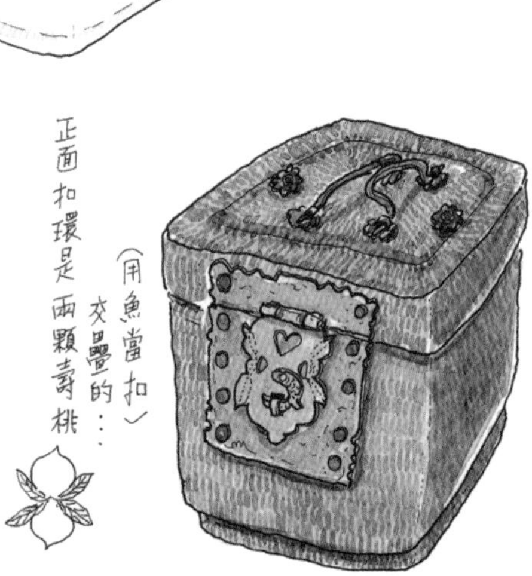
正面扣環是兩顆壽桃
交疊的…
（用魚當扣）

文峰茶莊來自福建泉州，如果以家譜上標示「茶商」那代算起，目前已經是第五代。茶莊代代相傳，但傳到了第五代，因兄弟姊妹彼此年紀相差甚多，改成手足傳承，現任老闆爲排行老六的陳玉雄，他與妻子黃玉梅接棒已超過四十個年頭。公職退休的陳大哥身體相當硬朗，儘管不多話，但臉上總掛著親切的微笑。陳大哥回憶，當年家裡老宅還是傳統的三合院，左護龍是「道生堂中藥行」，右護龍是「文峰茶莊」，家族來台第一代是在城外的「老古石中街（現信義街）」上營業，後來經營有成才買下城內的「枋橋頭街」現址。由於店面斜前方是枋橋，左方爲祭拜土地公的福德祠，在沒有地址號碼的年代，商家都是用地名來標示位置，因此文峰茶莊傳家的清朝老印章刻著本舖爲「坊橋頭福德祠左」，讓客人一看就知道店家位置。隨著時代變遷，如今舊地名只存在歷史上了，唯一不變的是靠著茶葉貿易經營至今的文峰茶莊。

來訪茶行數次，我和陳大哥愈來愈熟，他每次都會秀出令人大開眼界的店內珍藏。有一次他端出了一個方型的籐籃，我小心翼翼地打開，只見裡頭放的是跟隨貨船自中國遠渡重洋而來的茶巢（也稱茶壽），籐製的外盒被歲月染上了充滿歷史感的古樸色澤，安放其中的茶壺在精緻布墊的保護下，悠悠挺過了百年光陰；另一次是百年老秤，在沒有電子秤的年代，文峰用的是木秤，儘管是超過百歲的老秤卻設計得相當便利，只要把木棒轉個方向，原先的「秤兩」即變成「秤斤」，令人對古人的巧思嘖嘖稱奇；還有一次是一塊長長的老招牌，上頭寫著「陳氏道生堂中藥製造」，陳大哥說這是當年陳家曾經營業的中藥店招牌，儘管早已停止營業，但留存至今的木匾則是家族過往歷史的見證；若要說店內珍藏中最特別的寶物，一定不能不提到清光緒年間能自由通行廈門的通商護照（1896 年），這張護照讓文峰茶莊能往來海峽兩岸經商，這也是府城茶文化中十分值得記上一筆的珍貴紀錄；最後是高掛店內的老匾額，上頭的「文峰」兩字是由第三代老闆陳登志先生所揮毫，就在那年（1897 年）開啓了文峰茶莊的茶香歲月，也讓文峰

老名片

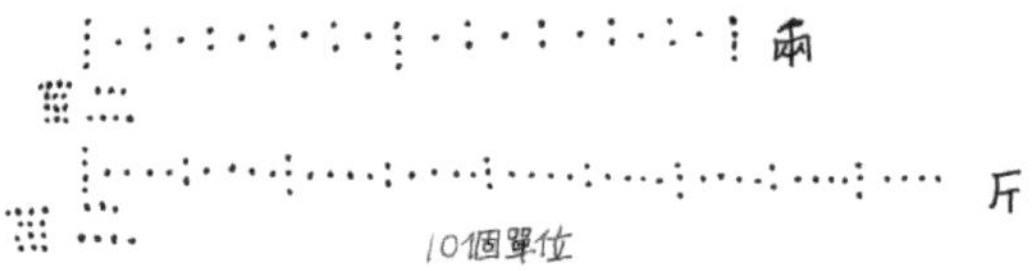

愈陳愈香，終成府城三大百年茶行。

「文峰是台南百年老店，可以看看傳世的舊照片嗎？」我好奇問陳大哥。陳大哥搖搖頭表示那些珍貴的老照片因淹水損壞早已丟棄。民國五十四年，民權路拓寬後店面修建成現在的面貌，不僅美麗的巴洛克門面被拆除，原本的「焙茶間」因空間不足也被迫廢除，現在的店面就是當年焙茶所在地。陳大哥回憶道：「原本還有一張厚實的木製錢櫃，當年道路拓寬修建時忍痛放棄。」少了老木櫃、老照片和老建築，物換星移，文峰茶莊在歷史的無奈中逐漸褪去百年老店的面貌。

隨著民眾飲茶習慣改變和客觀現實條件的變化，老茶行榮景不再，陳大哥表示來參觀老店的人多但消費的少，他退休後看守這家老店，是不捨祖先傳承數代的心血就此消失。「下一代要接棒嗎？」陳大哥聽罷笑而不語，轉身拿起兒子設計的Q版新店章問我好看嗎？我想或許下一代仍舊支持父親與前人的理念，然而現實環境卻讓後代無意傳承。有興趣來訪老茶行的朋友請留意店門口左方喔，老闆提供仿製的清朝老店章讓來店的客人蓋章留念，不過大家在蓋章之外也別忘了支持老闆延續傳統的用心，記得買包茶當作旅行的伴手禮吧。細細品嚐在台南傳香百年的茶滋味，似乎也見證了那汩汩流動於時間長河的茶香府城。

由第三代老闆陳登志親筆揮毫寫成的老匾額

仿製清朝印章

一甲子老茶罐

文峰傳家的清朝老印章

老闆兒子設計的Q版新店章

老茶磚

since 1869

文峰茶行（清同治八年）

台南市民權路二段36號之一
06-2245591
09:00~22:00（全年無休）

信文堂印舖

書法結合雕刻的微型藝術

「願與人相好，不與人作保」，這句話是信文堂老闆陳弘烈的「家訓」，在店內寫生時，陳大哥總不忘多叮嚀客人幾次，他說因為從事刻印這行業，遇過刻印的客人因幫人作保，面臨跑路或無法償還負債而破產，所以他總是告誡子女謹記家訓，也希望客人不要走上這條路。

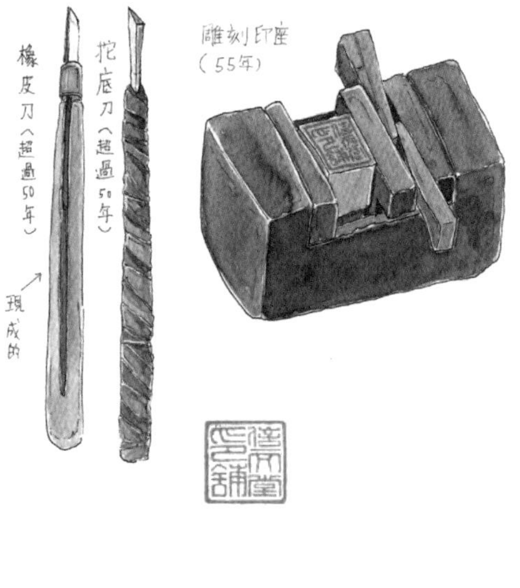

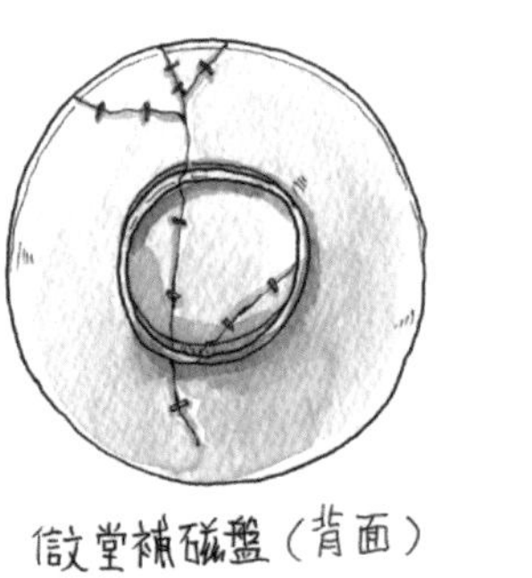

創立於民國十二年的信文堂，是府城老字號的印舖，第一代老闆陳合職業是警察，因善書法曾榮獲日本首獎殊榮，他以金石刻印爲副業，手上功夫了得的他還自創修補破損瓷器的技術，可惜因日後瓷器大量生產，加上早年惜物精神不再，修補磁器這門舊時代的技術僅傳到了第二代；第二代的陳瀛洲跟隨日本師傅學習刻印技術，他的作品精良廣獲好評；信文堂現任當家陳弘烈大哥高中畢業就跟著父親學刻印，二十七歲接手爲第三代。他翻開幾本冊頁邊緣已破損得相當嚴重的老舊冊子，略帶驕傲的神情說：「這本是我們家的祖傳秘笈，我們完成一枚印章就蓋印存檔，裡頭蓋著信文堂幾十年來的手工刻印作品。」愛畫畫的我看到那些如版畫般的圖文印鑑，莫不佩服先人的創作美感，我想店家一定沒想到，當時詳細的建檔筆記，留下了許多日據時期的商號，如今竟成為台南的珍貴文史資料。

目前擔任里長的陳大哥表示，刻印是書法和雕刻的共同呈現，經過篆刻師操刀打造，印章便成了微型藝術，饒富古雅韻味。可惜手工篆刻這行逐漸沒落，陳大哥估算目前台南僅剩下十家左右能手工刻印的商家，手工篆刻也在時代變遷中就此淪爲了「失落百工」之一。爲順應時代潮流，讓老工藝玩出新創意，信文堂改良了十年前就有的「肚臍印」，進而創新將嬰兒臍帶、胎毛製成印章，因肚臍的台語諧音似「肚財」，所以又名「發財印」，老行業尋找新出路，吸引父母親爲寶貝留下出生紀念，也讓信文堂印舖和時代同樣跨步向前，留名府城。

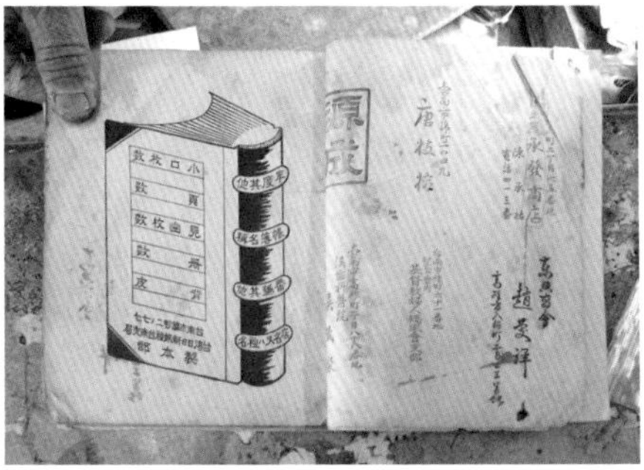

家傳秘笈中有信文堂數十年來的手工刻印作品

since 1923

信文堂印舖

台南市民權路二段16號
06-2227375
08:30~21:00（不定休）

胡記麵館

大份量的好滋味

路經胡記麵館數次，如果不是有次驚見超大煎餃，好奇停下腳步購買，我可能就此錯過這家「什麼都大」的麵店。

【大】

胡記，什麼都大。
麵，碗公大。
餛飩，非常大。
煎餃，尺寸大。
水餃，包的大。
老板，嗓門大。

2/5

胡記水餃
餛飩湯40元(胡記)
鮮肉大餛飩
超大碗餛飩湯，
跟一般水餃尺寸差不多，
偏甜口感，超有飽足感。
高麗菜：大眾都愛的味道。
韭黃：市面較少販賣の口味。
鮮蝦：超大鮮蝦在裡頭，老板說
蝦一斤要220元，他親自去兵
仔市場挑的。
韭菜：製作麻煩，光洗菜要4个小時。

老闆胡德安是湖北人，原本從事機械方面工作，因職業傷害才轉換跑道。胡記第一代是胡老闆的親戚，民國五十五年起在公會堂（吳園）旁擺攤賣麵，他接棒之後於六十七年正式開店，從此不用再日曬雨淋推攤車做生意。

胡老闆有著豪爽的個性，說話嗓門大，店內賣的料理就如同他的形象：大水餃、大煎餃、大餛飩、大碗麵，胡記眞的什麼都「大」，也因爲份量夠大，還曾經舉辦過大胃王比賽！目前他和太太兩人共同經營，也因爲兄弟姊妹彼此感情融洽，所以店裡不時會出現親戚義工服務客人的溫馨畫面。不過每天清早五點半開始備料，忙到晚上八點才能收攤，在整整十四個小時的體力耗損下，胡老闆幾個月就得上醫院打類固醇止痛，他苦笑著說：「我這賣麵生意是用身體換來的。」

由於麵館附近有補習班，上班族也多，客源不是問題，加上價格合理，美味大碗，生意頗爲熱絡。胡記招牌大煎餃的麵皮是手工擀的，原本是煎餃三個十元，但店務太忙於是乾脆做成一個大煎餃來賣，沒想到竟然就此成爲店內招牌，約拳頭大小，光吃一個就很有飽足感；另外也推薦胡記的水餃，麵皮有加入高蛋白所以口感不會糊糊的，起鍋後淋上香油就很美味，我喜歡韭黃口味的水餃，是市面上較少見的口味，而製作麻煩的韭菜水餃，光洗菜就要四小時，鮮蝦水餃真的大方，都會包上一尾有我小拇指大小的蝦子。因水餃料好新鮮，下午客人少的時間，老闆就忙著包水餃，這些可都是要應付宅配訂單的。有回我在過年前夕去光顧，只見到空空的冷凍櫃，水餃全被饕客一掃而空。

胡記的麵條是拉麵，口感Q彈，如果點湯麵，老闆還會加入大把的豆芽菜，讓外食族能夠補充更多的蔬菜量，而乾麵的肉燥香也讓人吮指回味，用鐵製飯碗當餐具的老闆，照舊端上大份量上桌，又讓我忍不住直呼：「好大碗的麵！」「什麼都大」的胡記，真的讓人百吃不膩。

胡老闆收過幾個徒弟，不過都撐不下去，最後他決定不收了，專心經營胡記就好；他說麵攤是個辛苦的工作，兩個女兒目前發展順利，不想她們接棒吃苦，加上他肩部關節囊的韌帶撕裂又開刀治療，於是決定一〇四年五月要結束營業，胡記到他這代就好。說完他回頭看看辛苦工作一輩子的麵館，露出不捨的神情。我一面寫生一面看他熟練地包著水餃，儘管嘴上喊累，但顧客的踴躍訂購一定讓他忙得很有成就感；只見他低頭一個接著一個包著水餃，等著將美味送到客人手上，我也一筆一筆地畫下他的模樣，將他的身影留在我的畫本中。

since 1966

胡記麵館

台南市民權路二段 10 號
06-2204908
11:00~19:00（週日休）

新建國戲院

特選影片，聲光極佳

幾次在附近吃肉圓時，發現這家看來門可羅雀的戲院還是不時有人走進去看電影。乍看醒目的紅招牌上寫著「聲光極佳」四個斗大字眼，引人好奇，仔細一看告示牌上的海報，才知道是專播色情電影的老戲院。

新建國戲院於民國五十三年開張，原名「建國戲院」，民國五十八年時轉型為歌廳，後來又改回放映電影，現在專營播放色情電影。記得學生時代台南也有幾家這類型的電影院，海報都是衣不蔽體的女人，片名也極為聳動。不過在電腦蓬勃發展、民生育樂更加多元化後，像新建國這樣的戲院，反倒保留了台灣老戲院文化，成為台灣少數僅存的色情戲院。

since 1964

新建國戲院

台南市民權路一段51號

06-2294034

蜜桃香

消暑養生的古早味聖品

來蜜桃香要張大你的耳朵，仔細聽聽老闆與老闆娘和顧客間的對話。年過七十的老闆吳順郎和太太陳秋芬都是七股人，有著南部人的熱情，喜歡和客人閒話家常，有幾次我聽到老闆神情認真地問：「咳嗽嗎？有痰嗎？痰是黃還是白？這樣症狀多久了？」客人一一回答後，老闆就開始建議可以買哪幾款飲品來舒緩不適，病況如果是黃痰就選蜜楊桃，白痰時則可喝金棗燉洋參。彷彿民間祕方的看診方式，令人有些莞爾，然而卻是老一輩人們對應感冒等疾病時的方式，無論療效如何，聽到老闆的親切關心，客人感冒好像也都好了一半。蜜桃香的獨特人情味與道地口味，讓老店擁有忠誠的客戶群，甚至有老客人都光顧三代了。

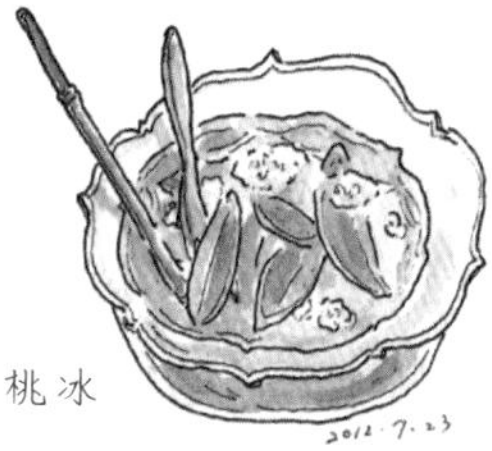

楊桃冰

綜合冰

由於蜜過的楊桃有種特殊香氣，吳老闆就將店名取爲「蜜桃香」。夫妻倆於民國五十二年開始在東門城擺攤，之後搬遷到現址附近，之前曾在隔壁電器行、斜對面的瓜子店等位置開店設攤，直到買下現在的店面才算是眞正的落腳。蜜桃香由一碗五角的楊桃冰起家，至今仍堅持古法釀製，喜愛這古早味的大多是熟客，一般觀光客其實並不多，攤前的長條型玻璃罐裡裝著各種自製李鹹、蜜餞、果干等，這是賣楊桃湯店家的必備「道具」，五顏六色看來可口的蜜餞不是裝飾用，零售之外還可調製成冰品享用。

老闆與老闆娘每年最少要醃製兩次楊桃，分別是五月和十月，他們會特別選用善化土產楊桃，五個人手耗時整整兩天，削好楊桃後加鹽醃製，接著泡水淡化鹽味和酸氣，最後再用糖熬煮，在數道繁複的古法製程下，才能釀製出好喝的楊桃湯。當加上碎冰的楊桃冰上桌，可以先用吸管喝湯汁潤喉，再拿起小叉子刺著甜蜜蜜的蜜楊桃滿足口慾，吃完馬上降火氣，楊桃湯果然是夏天消暑、冬天保養的古早味聖品。推薦一樣價目表上沒標示的私房美味——加入楊桃、芒果乾、烏梅、鳳梨、青芒果的綜合冰，這是老闆娘的特調冰品，隱藏版的美食喔！

注重衛生的蜜桃香，採用 RO 逆滲透製冰器製冰，跟許多老店一樣，堅持每日只做需要的量，確保冰塊的鮮度和品質。有次我在盛暑來吃楊桃湯，正巧製冰器故障，老闆娘趕緊到便利商店購買數包冰塊急用，單價比一般冰店送來的碎冰貴上許多，但她說這是商家信譽的保證，讓客人吃到健康乾淨的商品是店家的責任。好味道也要有人傳承，老闆的兒子目前已接棒經營，希望第二代能讓楊桃香氣在府城愈陳愈香。

since 1963

蜜桃香

台南市青年路71號
06-2284228
09:30~21:30（全年無休）

和成軒佛俱店

佛像界的醫美中心

和成軒老闆娘自信地說著：「我們是佛界醫美中心！」她帶我走到後方的拜桌前，指著幾尊神像說：「這些佛像是廟方請別家製作的神明，但是不滿意完成後的樣貌，請我們幫忙修正，有些是姿勢，有些是表情，我們也提供修補服務，妳說這樣的巧藝是不是能媲美佛界醫美中心！」走入店家，撲鼻而來的台灣樟木香氣令人神清氣爽。和成軒謝主義老闆長年堅持採用好木料與純手工雕刻，而他同時也專研各類佛像的故事背景及精神意涵，所以能充分表現佛像的神韻與姿態，是一位堅持台灣傳統的粧佛師傅。

粗胚。

修光。

謝老闆十四歲起師承姊夫陳朝清學習福州派佛像雕刻，經歷逾三年的努力才出師；二十歲當兵時，軍中長官體諒他已娶妻生子還有養家的壓力，讓當時擔任空軍行政職務的他忙完公務後，私人時間可以接佛雕以賺取家用。謝老闆笑說，他當時趕工三個晚上的工資可抵上一個月的軍餉呢，所以至今仍然相當感謝當時長官的通融；退伍後，他前往高雄雄山軒吳邦雄的佛雕店工作，直到二十七歲自立門戶當起老闆。

謝老闆最早在建國路（現在的民權路一段）開店，後來遇到拆路，暫搬遷至青年路，等建國路拓寬並改路名爲民權路後才又搬回來，先在現址隔壁經營多年，約莫在十五年前才搬到現址營業至今。民國六十至八十年間，市場流行起將人神格化的風潮，人們紛紛把已故親人雕刻成佛像祭拜，並以陳府太子、林府仙姑、張府王爺等神名稱呼，當時佛雕店生意興隆，和成軒店內就有多達十五位木雕師傅幫忙，中午吃飯時鬧哄哄地一桌還坐不下。不過後來風潮退去，加上中國佛像開始輸入台灣，佛像雕刻業邁入寒冬期，一堆老師傅面臨失業轉行，不捨師傅們一身好手藝無用武之地的謝老闆，還是堅持繼續雇用師傅。店內一角擺放了許多樟木塊，謝老闆自豪地說不怕客人驗貨，從「開斧」階段就請買家可隨時來現場看製作進度，佛雕完成後，還會將刻完粗胚後剩下的樟木碎屑包好送還給賣家，秉持貨眞價實的台灣精神。不過目前民權路上的台灣手工佛雕店只剩下幾家，很多店家都在賣大陸貨了。「我們和成軒的師傅都在店門口現場雕刻，要讓客人看到師傅堅持台灣製的用心。」謝老闆充滿信心地說。

佛雕的步驟其實相當繁瑣，首先買家要先（一）挑料，找到適合的木頭時，在木料上（二）貼紅紙，寫上神明的名字後放在拜桌前供奉，接著就是（三）開斧，表示開斧科儀，在木料上輕砍數刀，這時會請買家先付訂金保障雙方，然後負責（四）粗胚的師傅開始基礎外型雕刻，接著擅長細部雕刻的師傅進入（五）修光階段，這時有些買家就會進行「入神儀式」，再來是砂紙（六）磨光把佛像磨到光滑，然後是（七）打土底，把黃土溶於水膠，均勻地噴在神像上，接著用粉線在神像上進行（八）拉線畫圖案，再上（九）黃漆讓佛像顏色統一，彩繪第一步驟是（十）粉面，簡單說就是幫佛像畫上膚色，然後再刷膠（十一）安金貼金箔，接著幫神像（十二）彩繪顏色，下個步驟就是幫神明（十三）畫臉，描繪威嚴的五官，最後一關爲（十四）開光點眼，是爲佛像注入神靈的儀式。

和成軒目前以家拜神像爲主，廟方的請託爲輔，採分工作業完成佛雕；其中林炎和師傅國中畢業後就到和成軒當學徒，和老闆的師徒情誼長達三十年，不多話的他專注而流暢地敲打著刻刀負責「修光」階段，經手過的佛雕多達千座佛像；黃文庭師傅入行四十三年，國小畢業後就開始雕佛，是店內第一線的「粗胚」雕手；小老闆謝合育專長「彩繪」，每尊佛像必須經由他上顏色，最後由謝老闆進行「開光點眼」，一尊台灣製的佛雕作品就完成了。

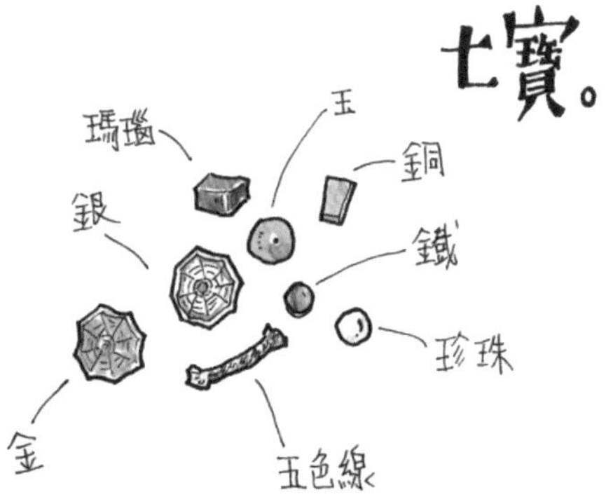

入神儀式—在佛像背後鑿一個小洞，大小約5元硬幣，在洞內鑲入香灰（代表神明之分靈）、五穀籽五色線（代表人的五臟經脈），入蜂（三隻虎頭蜂表示神靈附體）及七寶（金、銀、銅、鐵、珍珠、瑪瑙、玉）表三魂七魄，儀式結束後用木塊封口。

since 1977

和成軒佛俱店

台南市民權路一段152號
06-2228980
08:00~22:00（全年無休）

左藤紙藝薪傳

婚喪喜慶都用得到的手工藝

精通傳統糊紙工藝的洪老闆，擅長人物、動物或房舍等造型。洪老闆說，一般人總是把糊紙這產業和喪事聯想在一塊，其實古早的糊紙業有九成用於「喜」，僅一成是「喪」，而糊紙這老行業更與人的一生息息相關，例如孩童滿月時，外婆會贈送禮物，用紅色剪字別在衣物上表達祝福；十六歲成年禮時要訂作「七娘媽亭」，感謝七娘媽多年來的守護庇祐；男方結婚拜天公需要「天公亭」謝神，女方雙親贈送「送子觀音」祝福新人生男娃；新居落成拜「地基主」要做天狗、白虎等吉祥物；「祝壽」要有仙女、壽翁等吉祥人物或是以紙幣折成的銀票花來祝賀；以及人生最後一程的喪事需要的「紙厝」等……。早年逢喜慶之日，糊紙產品就是結婚、祝壽的最佳禮物，遺憾的是傳統習俗逐漸式微，現在的人對糊紙僅留下「紙厝」的印象。

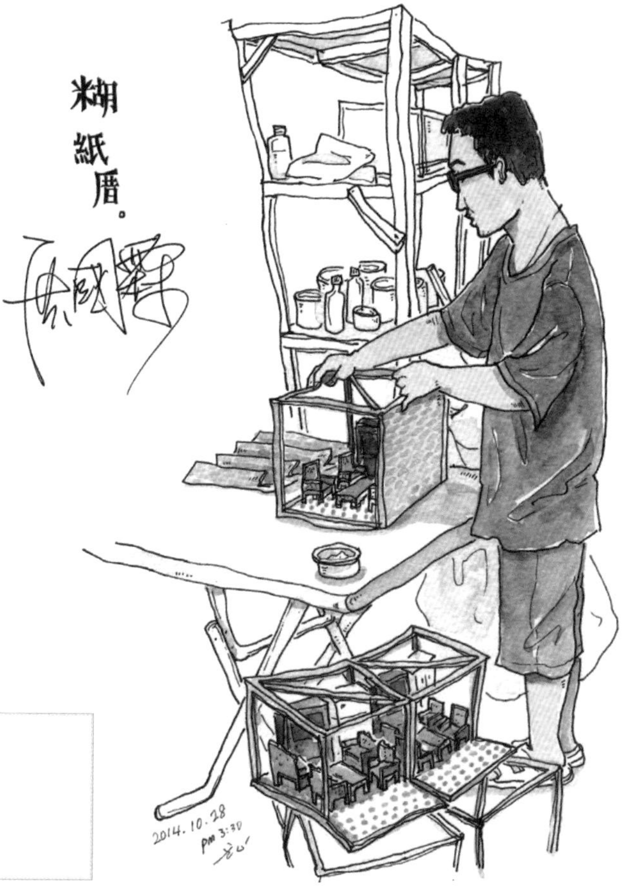

超過百年

左藤紙藝薪傳

- 台南市民權路一段 116 號
- 06-2279098
- 12:00~22:00（不定休）

東嶽殿旁的「左藤紙藝薪傳」，第一、二代先祖於清代時曾在金門任官，第三代遷居台灣後擔任道司（現在稱爲道士，爲往生者做法事外也代糊紙厝），第四代洪錕鎔專職於糊紙業。最初並沒有店名，但因洪錕鎔長得和日本前首相佐藤榮作極爲神似，所以有了「洪佐藤」的別號，最後「左藤」就成了洪家店號，如今是由第五代洪銘宏當家；洪大哥十三歲即入行當助手，不僅獲得父親眞傳，也四處拜師學藝，兒子洪國霖高中畢業後也從旁協助十餘年，全心輔助父親推廣家傳糊紙的藝術。

洪老闆糊紙技巧精良，製作時先以竹爲媒材製作支架，用報紙（韌性強纖維質高，適合紙塑）貼出外觀，再用紙藝技巧使其立體成形，接著上彩後，衣服以色紙或布製作出質感與皺摺，帽類採厚紙板製作，最後利用各種圖案設計的剪紙技術裝飾。糊紙這行業集結剪、粘、塑等手技，還要注重造型比例、材質運用、色彩搭配、服裝配件之考究，端看著店內一件件精良作品，令人讚嘆糊紙果然是極爲難得保留至今、同時結合各類型藝術技巧的民間手工藝。

左藤紙藝除了保留家傳古風，也注入當代媒材與創意，賦予紙塑作品新的生命。店家主要營業項目以喪葬用品爲主，另外還包括廟寺廟建醮、慶典裝飾、年節花燈等需求；看著正在寫生的我，洪老闆淡淡地說，大部分年輕人對於這種需要吃苦的技藝不感興趣，難得兒子願意接棒，但他還是憂心這百年技藝會失傳。或許是這份擔憂始終掛在洪老闆的心上，對於每一個上門詢問的遊客，他都相當熱心地介紹說明，讓這珍貴的技藝，一個一個地累積，留在更多人們的記憶裡。

老街款款行

台南公會堂

(吳園藝文中心)(市定古蹟)

府城最富有的鹽商吳尚新，在道光十年（1830 年）收購明鄭時期何斌的庭園，並聘請名匠仿照漳州城外飛來峰樣貌建造奇石假山之園，當時與板橋「林家花園」、新竹「北郭園」、霧峰「萊園」號稱台灣四大名園。吳園像是城市的秘密花園，默默隱身在公會堂後方，儘管四周大樓林立好似水泥叢林，漫步吳園的樓閣迴廊、眺望奇山雅石時，彷彿穿越時空來到大宅院的後花園；斜倚欄杆，悠閒地度過午後時光，頗具文人雅士風情。

日據時期地方官民集資成立民間組織「社團法人台南公館」，選定吳園籌建公共聚會場所，不過吳家後代迫於政治壓力，變賣吳園土地一甲，讓該組織建造了台南公館（現稱台南公會堂），於明治四十四年（1911 年）完工，成為台灣第一座具公共集會功能的現代建築物。公會堂內另有一間日式風格的柳下食堂，建於昭和四年（1929 年），是台南少數僅存的日據時期食堂，目前由奉茶茶坊經營推廣茶文化。遊客不妨感受清境優雅的日式空間，在木造老屋體驗台式茶韻之美。

公會堂目前是市定古蹟，園內匯集了歐式語彙、日式食堂與清朝庭院三種風格迴異的建築風情，相當難得，有機會來訪的旅人別忘了入內走走，感受豐富建築特色的歷史空間。

ⓘInfo
台南市民權路二段30號
since 1911

東嶽殿

(市定古蹟)

老街款款行

東嶽殿建於明永曆二十七年（1673年），俗稱「嶽帝廟」，府城的七寺八廟之一，目前爲市定古蹟，主祀掌管陰司地府的「地藏王菩薩」及「十殿閻羅」的東嶽大帝（又稱天齊仁聖大帝）。走入光線陰暗的東嶽殿，七爺八爺和牛頭馬面等鬼神栩栩如生，令人感受到幽冥詭譎的氣氛，好似走入陰間審判所，令人滿懷敬畏。

歷經多次修建的東嶽殿，民國三十一年建國路（現民權路）開闢道路時，將三川門及鐘鼓樓拆除，並移走石獅座，當時廟貌改變許多；六十八年又經歷民權路道路拓寬，拜殿被拆除，廟門也被迫退到騎樓旁，自此與寬廣的舊廟埕面貌差異甚多，廟內目前只剩正殿及後殿維持舊貌。不過廟內收藏古物不少，例如道光年間雕工精細的木質神桌，乾隆年間古樸的石質香爐，還有數幀超過百年的匾額，都深具歷史意義。造訪此地除了誠心膜拜，更不要錯過仔細欣賞廟內的珍貴古物。

東嶽殿也以舉行民俗法事聞名，其中最具代表性的爲「打城」。由於民間普遍認爲非自然死亡的死者，魂魄會飄往地獄的枉死城，於是有了「打枉死城」的法會，好讓困在枉死城的亡魂脫離苦難。進行這種法事，只能在供奉東嶽大帝的廟宇舉行，如有機會目睹法會也是十分難得的經驗。

ⓘInfo
台南市中西區民權路一段110號
06-2202322　07:00~21:00
since 1673

明章榻榻米

記憶中的稻草香

走入明章榻榻米，想起童年的一段回憶。小學三年級時，爸媽幫家中每個小孩各買了一張榻榻米，由於榻榻米材質軟硬適中，冬暖夏涼，我們三個小孩把自己的榻榻米並排在一塊，就成了家中的遊戲場。從草席傳來的淡淡香氣十分迷人，我總愛窩在榻榻米上畫圖、玩耍，累了就噗地倒在榻榻米上沉沉睡去，直到因為搬家後家中沒地方擺放榻榻米，這才結束我童年的稻草香時光。

明章第一代洪施明阿公是佳里興人，十四歲就開始製作榻榻米，自民國四十九年起在民權路上搬遷數次，前後共開過四家店，直到民國五十二年落腳現址，以稻香之名在府城經營長達數十年。洪阿公一輩子就以榻榻米爲志業，超過一甲子的歲月都在稻香中度過，每日不停歇地縫製重達二十公斤的榻榻米，我邊寫生邊看著他那矯健的手藝和硬朗的身子，不禁嘖嘖稱奇，完全看不出來洪阿公今年已經高齡八十二歲了。

洪阿公說早期建國路（現在的民權路）是很熱鬧的區域，全盛時期店內有六到七個師傅幫忙，當時他的體力一天能完成十五至十六張榻榻米，還可應付學校機關的訂單；可惜東門圓環的天橋落成後，人潮逐漸往博愛路（現在的北門路）移動，加上時代進步，各式新床墊出現，榻榻米生意式微，需求也不如以往。直至今日，阿公仍堅持每塊榻榻米以手工縫製，即使現在已有機器可取代很多工法，他還是希望透過手作的溫度，將傳統的職人精神賦予每張榻榻米。

由於第二代已逝世，洪阿公很慶幸第三代的孫子洪偉晉願意接手這項傳統手藝，洪偉晉退伍後跟著阿公習藝六年，靦腆不多話的他總是默默在一旁勤奮工作，儘管他笑說是不會讀書才來做榻榻米，但我想對於從小到大耳濡目染這行業的他來說，稻草香是難以割捨的成長記憶。洪阿公收工後，總是不忘把手上的日製裁刀磨得鋒利，才能讓隔天裁切順利；在各環節堅持數十年的阿公，看在朝夕相處的孫子眼中，是一種不言而喻的傳承，我盯著爺孫倆工作時出自同一個模子般的專注神情，這才恍然大悟，原來接棒的不只是手藝，還有那逐漸凋零的匠人精神。

散發著天然稻香的榻榻米，睡起來不易腰痠背痛，只要定期擦拭保養，可使用長達八年之久，不僅是冬暖夏涼、吸濕效果強的環保材料，更展現了古早生活的綠色智慧。

（一）

榻榻米製作過程

（一）切—依尺寸需求，以人力用鋼刀裁切蓆底。
（二）車—將草蓆鋪在蓆底上，然後以專業車縫布邊機台車縫織錦包邊。
（三）縫—人力將機器車縫後的邊條收尾，完成扎實耐用的榻榻米。

重達二十公斤的榻榻米冬暖夏涼、吸濕耐用

since 1960

明章榻榻米

台南市中區民權路一段18號
06-2225283
08:00~21:30（不定休）

太陽牌冰品

充滿幸福感的懷舊冰品

第一代的葉天龍先生家境困頓，自幼喪母的他，後來跟開冰果室的長輩學習製冰技術，之後添購了製冰設備開了店面，由於希望客人吃冰後都能感到「心涼脾肚開」，所以當時的店名叫「新涼涼冰果室」；四十多年前工廠要註冊商標，葉老闆將店號改成「太陽牌」，希望客人看見太陽時，都能想起他們的冰品。

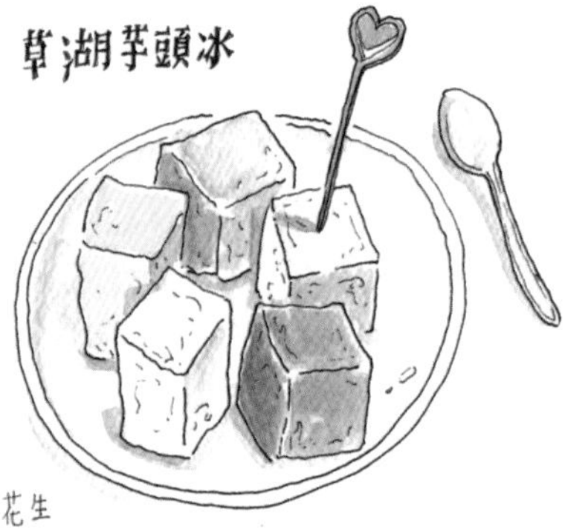

太陽牌最早以批發芋仔冰為主，批發給大街小巷賣叭噗冰的小販，當年賣冰的大多是隨著國民政府來台的老兵；全盛時期在民國五十、六十年間，每逢假日一天可賣出多達兩公噸的芋仔冰，當時沿街盡是叫賣「芋仔冰，草湖芋仔冰」的聲音。早年不少小販還特地騎腳踏車自關廟、仁德或歸仁來批貨，有人甚至遠從高雄湖內而來，可見太陽牌芋仔冰在當時的高人氣。後來大廠牌紛紛推出機器產的冰品，加上老兵逐漸凋零，太陽牌的冰品批發開始沒落，老店家轉而接下台南國中小福利社的賣冰生意，投資上百台的丹麥進口冰櫃，每所學校放置一台，光是購置冰櫃的費用都可以買一棟房子了！不過好景不常，1997 年教育部開始規定國中小福利社禁賣含糖食品，太陽牌這才結束學校生意。

打從三十多年前第一代引進機器改良製冰設備，以健康衛生的訴求生產傳統味的手工冰棒，包括紅豆、花生、芋頭、米糕等，目前總共有十九種各具特色的口味，歷經數十載歲月，現在成了最懷念的古早味。第一代老闆娘葉蔡瑞惠研發出紅豆牛乳霜，先將牛奶打發凍成塊狀，冰的口感嚐起來綿密濃郁，加上煉乳及淋上熬製綿密的屏東紅豆，紅豆保持原味外又粒粒分明及軟嫩，剛推出時一天有時只賣上一杯，但美味口耳相傳累積口碑，很快地就成為了老店招牌。之後太陽牌也陸續推出草莓葡萄、百香果冰等，甚至還有季節限量款口味呢。

第二代老闆葉晋榮接棒後，延續父親堅持使用好原料的原則，眞材實料手工製作冰品，在媒體大量報導後，除了原有的老客戶外，年輕人和學生族群也增加不少。太陽牌的冰含在嘴裡慢慢融化，細細咀嚼，綿密細緻，是充滿幸福感的懷舊冰品。

since 1957

太陽牌冰品

台南市中西區民權路一段41號
06-2259375
08:00~21:30（夏）10:00~21:30（冬）
（全年無休）

進德成竹籐店

古早生活專賣店

「古早生活專賣店」，應該是進德成給人的第一印象，走入店內，眼前盡是搖籃、草鞋、茄芷袋、撈麵、石臼、謝籃、椅轎等農業時代的器物，進德成就是個舊式社會的微型展覽場。台灣早年使用大量竹子和蒲草製作生活用品，例如將蒲草曬乾後直接編織，不做其他加工，製作成五〇年代主婦們買菜必備的蒲包。老闆娘鄧阿嬤說：「現在已經看不到家庭主婦提蒲包上街了，不過蒲包具保溫和維持食物風味的功用，很多賣米糕的老店都還在使用，也有年輕人買回家加工成特色背包。」

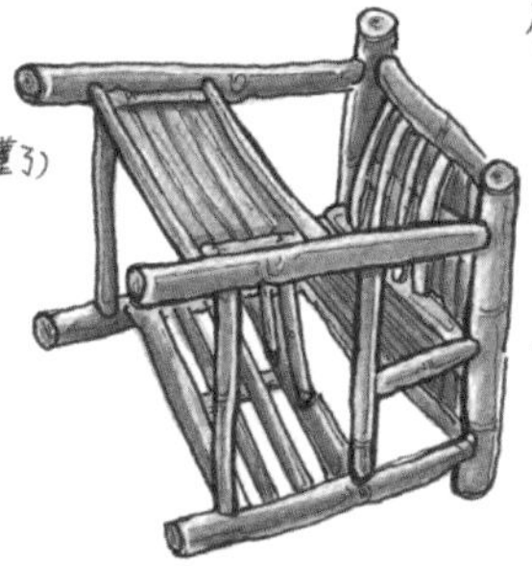

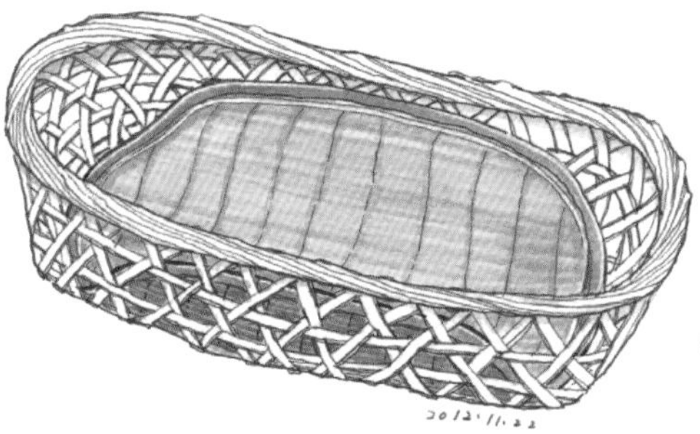

超過百年

進德成竹籐店

台南市民權路一段43號

08:00-19:00（不定休）

小叮嚀：十分注重隱私的鄧阿嬤一直不告訴我她叫什麼名字，也拒絕拍照留影，所以請大家記得不要拿相機猛拍她喔！

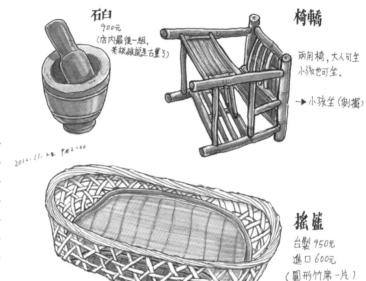

鄧阿嬤今年八十多歲，身子骨還十分硬朗。民權路拓寬前，進德成還是紅磚屋，當年雙店面販售各類竹編器具，生意興隆；不過隨著時代變遷，人們使用習慣改變，每日上門的顧客有限，店內商品也大多賣給特定熟客，或是一些路過覺得新奇的遊客。鄧阿嬤說自己是老人顧店消磨時間，「沒有經濟壓力啦！」不過她還是不忘推銷我一些台灣特色商品，幾次下來，我也陸續買了紅龜粿的模具、關廟手編籃、茄芷袋、蒲包等，全都納入我的古早味收藏當中。

鄧阿嬤是第三代的媳婦，最早進德成是打繩業（麻繩或草繩製造），後來才轉爲經營竹籐店。民國五十八年起她開始顧店，一晃眼已超過四十個年頭。早年進德成以販售關廟竹編爲主；竹子是三年生的天然素材，是環保綠能材料，竹製品大都製成農業社會民間用品，所以當時才能發展出優秀的竹工藝；然而如今關廟手工編織的老師傅不是退休就是離世，下一代因利潤不高不願接手，加上市面出現大量進口的低價竹製品，曾風華一時的竹藝市場更加式微，關廟製的手工品現在反而成爲珍稀貨源了。曾聽阿嬤撥電話向年事已高的老師傅訂貨，老師傅嘆了口氣回她：「老了老了，應該要退休了，孩子們也叫我不要再編竹了。」

在進德成看見了手工業的無奈，以及已成明日黃花的台灣傳統工藝，令人鼻酸。加上台灣氣候潮濕，竹製品容易發霉或蟲蛀，阿嬤說東西堆著堆著還沒賣掉就先賠本了。最近一次去找鄧阿嬤，她已經打算將屋內存貨賣完後就要退休，如果之後大家沒看到邊看電視邊顧店的阿嬤，就表示進德成這家百年商號已經走入了歷史。

蘇家—建國蝦仁肉圓

早年富庶人家最愛的甜口味

台南許多老店家看起來都不太起眼，蘇家的蝦仁肉圓就是個例子，沒有嚐過，你無法了解為何它能在府城開業超過八十年。

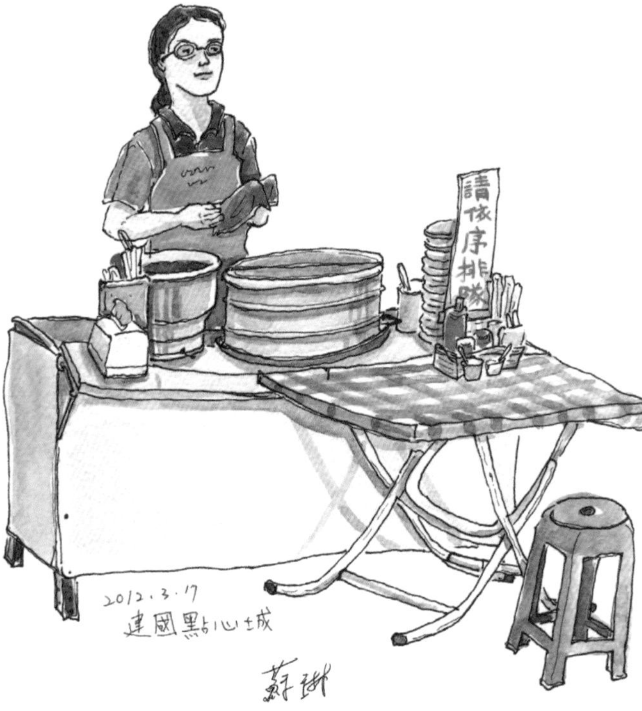
請依序排隊
2012.3.17
建國點心城

芋粿
25元 芋頭味濃厚，沾桌上的芥茉和蒜泥更好吃.
肉燥麵
35元
古早味口感，這個價錢吃得到
那麼多肉塊，真是划算。
碗粿
30元

約在民國二十年，第一代蘇松和兒子一起販賣蝦仁肉圓，接著大兒子蘇樹根接棒成第二代，由於蘇樹根子女無意承接，最後由差距二十多歲的小弟蘇富弘傳承，是家傳事業中少見的兄弟互傳美事。蘇家最早在沙卡里巴開店，後來搬到青年路的東菜市，最後落腳東門圓環內，直到民國五十七年東門圓環拆除後，隔年才搬回住家現址經營。目前店內產品還是由第二代蘇富弘每日現做，第三代的蘇琳回家協助父親，也在店內幫忙了五年以上，父親掌管食材和製作，她負責店面販售，兩代各司其職守住家傳口味。

不像彰化用油炸的，也和屏東用蒸的方式不同，台南的肉圓就是以「蝦仁肉圓」這一味聞名；建國蝦仁肉圓採用新鮮蝦子、內餡選用肉燥而非肉塊，加上特調的皮，炊蒸兩小時美味就出爐了，肉圓皮軟嫩Q彈，咬下瞬間可以吃到濃濃的肉燥香與蝦仁的鮮味，而店家獨門配方的淋醬雖濃郁，但一點也不膩口。店家的特調淋醬，使用高湯外加獨門秘方熬煮而成，口味維持多年，是台南傳統的甜口味；之所以口感偏甜，是因爲糖在當年是高價食材，只有富庶人家才能嚐到甜味，菜中糖放愈多愈能顯示財力，因此富裕人家的飲食習慣也漸漸影響庶民生活，無形間台南人習慣在菜餚加入糖，成了生活裡的「食文化」。所以來台南吃小吃，別忘了嚐嚐在地文化醞釀的味道，感受古早有錢人的飲食特色。

我推薦採用甲仙芋頭的「芋粿」，吃得出芋條口感及香濃芋香，切一小口放在嘴裡，芋頭香會瀰漫口中；碗粿細軟且米香十足，蛋黃、肉塊、香菇等餡料豐富；古早味肉羹也很棒，勾芡濃稠的湯喝起來酸酸甜甜，一碗就吃得滿足；加了韭菜的古早味魚丸湯，甜甜的湯頭讓魚丸鮮味更出色，蘇家的小吃眞的是充滿古早風情的點心啊！蘇家目前不想開分店，只想專心經營好本店，我來蘇家數次，平日大多是在地人品嚐居多，假日偶爾可見慕名而來的食客，也是這樣多年來對自家美味的堅持，才能長長久久綁住客人的胃啊。

since 1930

蘇家－建國蝦仁肉圓

台南市民權路一段45號
06-2246608
09:00~18:00（公休不定）

廣興肉脯店

用龍眼木炭烤的肉乾非常香

盛夏八月，我在廣興肉脯店的炭火爐旁寫生。頂樓的烘烤肉乾區沒有冷氣，只有一台工業用電風扇發出嘎嘎的聲響，烘烤的高溫熱進了骨子裡，沿著下巴滴落的汗水滲透入畫紙，我心浮氣躁地看著兩代老板與員工烤肉乾、翻轉肉片，那專注的神情是父子相傳的印證。

人稱「黑豆伯」的倪炎燈先生，十三歲起跟隨唐山師父學習「太倉肉鬆」的加工技術，最初挑著扁擔沿街販售，民國十年在水仙宮附近創立了第一家店。由於黑豆伯的好手藝廣受肯定，長年來陸續開了多家分店，全盛時期多達二、三十名員工；後來爲了原物料的供給品質，甚至兼營養豬事業、青果業還有蜜餞製造等；可惜二戰後店面與工廠遭燒毀，負債累累，民國三十七年搬到現址營生。黑豆伯過世後，第二代卻無心接棒，黑豆嬸陳桂花女士只好默默守著廣興肉脯店，期許後輩繼承。

第三代老闆陳敏德退伍後，爲了承繼家業，念建築的他只得放棄喜愛的工作，專心投入店內生意。陳老闆十分注重廠區衛生，員工忙完手邊工作後就開始打掃，乾淨的工作領域產出高品質的產品，就這樣一點一滴慢慢擦亮老店的招牌，再度打響「廣興肉脯」的名號；同樣注重品質的陳老闆並不打算開分店，因爲手工製作的肉脯無法量產，才能維持賞味品質。堅持單一老店經營模式，用心傳承「黑豆伯的肉脯店」的好味道，是家傳事業的背後精神。

滿臉笑容，是第四代老闆陳建誠給人的最初印象，排行老大的他學習接棒十餘年，我在店家寫生時，注意到他都面帶微笑向客人介紹商品，他同時也自豪地說著老店的驕傲──堅持「只用最新鮮的豬肉加工」。的確，因爲廣興對肉質的要求，所以豬隻在清晨三、四點屠宰後隨即送到工廠處理，才能保持豬肉紮實又富彈性的口感。但最難得的是，廣興是台灣少數還使用木炭烘烤豬肉乾的店家，爲了用台灣龍眼木的木炭烘烤肉乾，廣興與東山農民合營木炭窯，每年燒窯五次才能取得年用量一萬五千斤的龍眼木炭。在消費者看不見的細節上如此用心，就是這樣的經營態度，好品質口耳相傳，銷售業績完全不受景氣影響，才能連續三年榮獲最佳伴手禮殊榮。這就是眞本事才能打下的好名聲啊！

我想起廣興的老照片，深深感受到穿梭古今仍亙久不變的老店精神，店內熱氣中夾雜著肉乾的香氣，這股府城飄香百年的肉香瀰漫在各個角落，頓時我理解到這就是老店傳承的意義──「承續經營態度，堅持傳統口味」，是多麼簡單卻意義深遠啊！

肉乾製作步驟

(一)將醃製入味的肉片平鋪在竹篩上，接著送進爐內烘乾。
(二)以人工方式把烘乾的豬肉片送入乾燥爐定型，進行肉片定型。
(三)烤手們以俐落身手烤熟肉片，翻動的速度得要快，肉質才不會又乾又柴。

80年陶甕，用來裝的是在府城飄香百年的肉脯、肉鬆

since 1921

廣興肉脯店

台南市府前路一段90巷62號
06-2227447
07:30~20:30（全年無休）

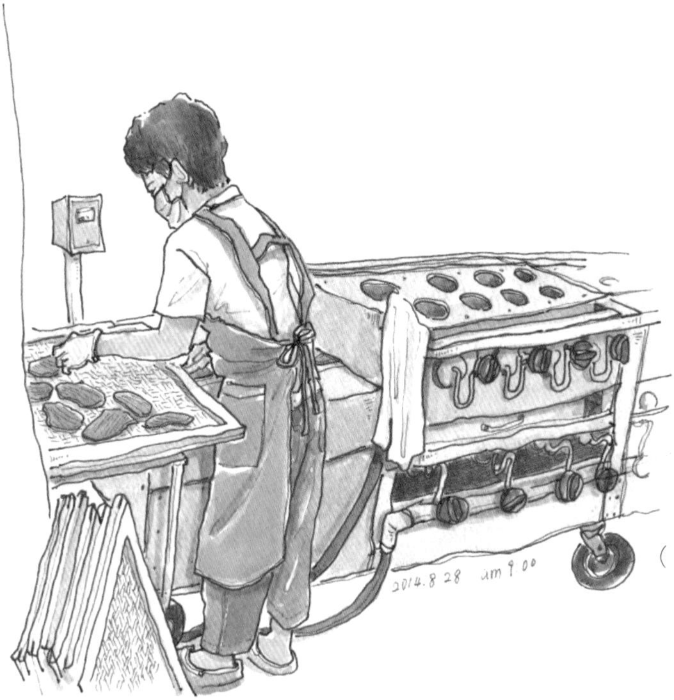
2014.8.28 am 9:00

（二）

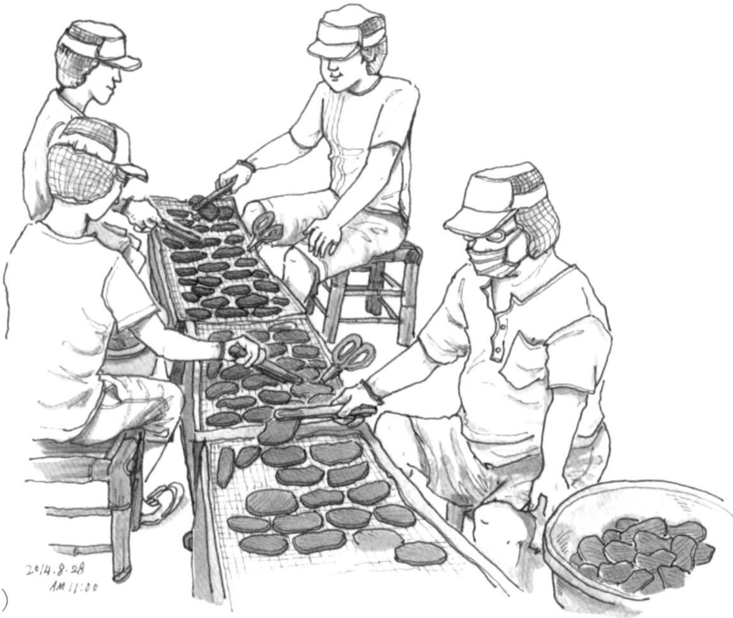
2014.8.28
AM 11:00

（三）

振發茶行

手工包茶暖身又暖心

初次見到嚴燦城老先生時，他已將近九十高齡，作為茶行第四代傳人的他早年受日本教育，舉手投足都可見日據時代的一股紳士風範。有回我帶一群朋友去拜訪老先生，友人提議合照留影，當時身上僅著一件汗衫的嚴阿公說請等等他，他說要拍照就一定要穿戴整齊才行，我們心中一凜，靜靜地看著阿公將 polo 衫套上他的年邁身軀。嚴燦城老先生已於民國一百年以九十高壽離世，目前由二兒子，第五代嚴鴻鈞接棒經營。

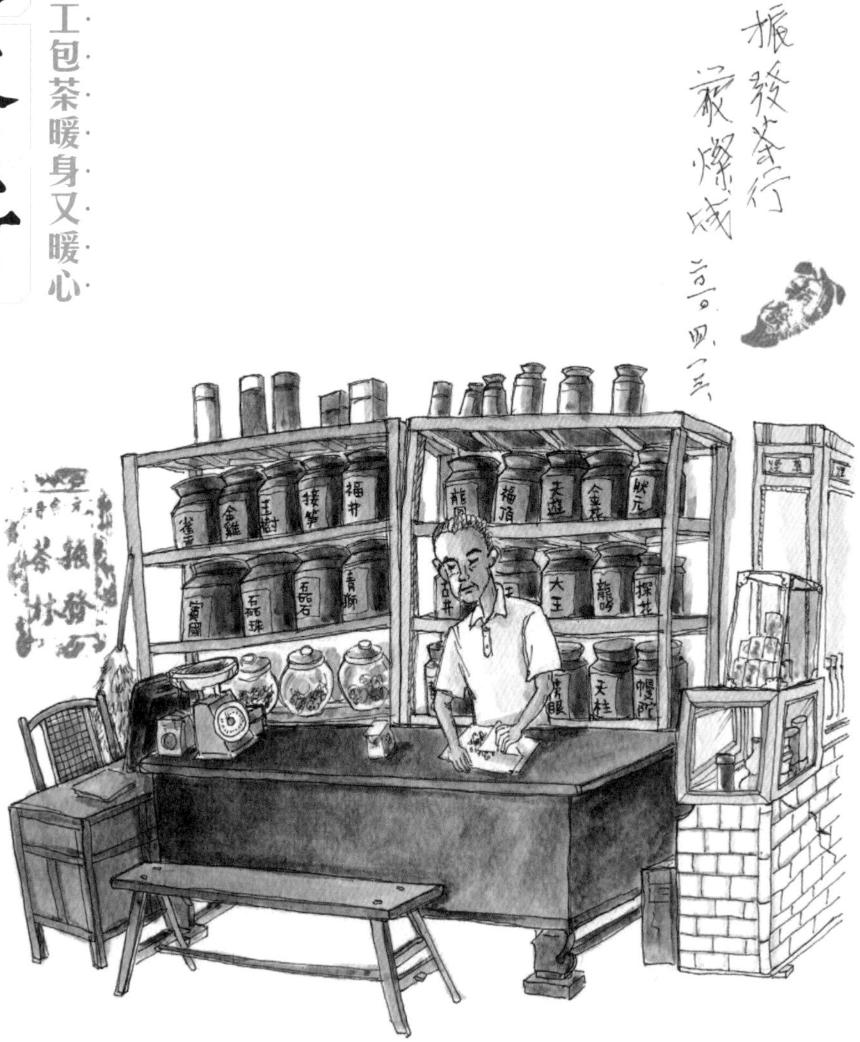

圖出處：《訪古・台南・行》陳貴芳繪圖

創立於清咸豐十年的（1860年）「振發茶行」，第一代嚴朱祖籍福建泉洲，來台後先定居北部的大稻埕，後來才搬到台南，最早在宮後街經營「盛發錢莊」，後來因幫人作保而倒閉，最後改行開設專賣福建武夷山茶的「盛發茶行」，後來才搬至民權路現址。現在店內的舊木匾上寫著振發兩字，其實原本刻的是「盛發」，但因當時經濟環境差，能省則省只能將舊招牌挖字重刻，不過仔細看會發現振字是由盛改刻來的。

振發是台南登記最早的茶行，初創店向茶商租賃茶罐，分期付款慢慢買，罐身紅紙上寫著山頭名，這才發現原來以前人是用這樣的方式來區分茶種；而茶罐上看似不起眼的凹痕，其實是太平洋戰爭期間，振發為了躲避空襲，就用牛車載著茶罐、茶架匆匆前往歸仁避難，由於道路不平、路況顛簸，這才將茶罐撞凹。

店內的木桌也很有意思，一個大木櫃，桌面上的小洞是為了讓老闆將買賣收到的錢投入，用意是讓老闆能自由從內側翻取，而外面的人是碰不到錢的，這也是古早人防偷搶的設計巧思。振發至今仍以手工包茶，也是府城唯一還保留這項服務的百年茶行；我當時看著阿公將相疊的兩張毛邊紙仔細包裹成長方型茶包，接著他拿出百年牛骨印章，烙上紅印成為店章，由於受潮會讓茶香走味，所以會再把茶包放入透明塑膠袋中黏妥。可能是我看得感動，覺得手工包茶的手感溫度，似乎喝起來更覺溫暖。

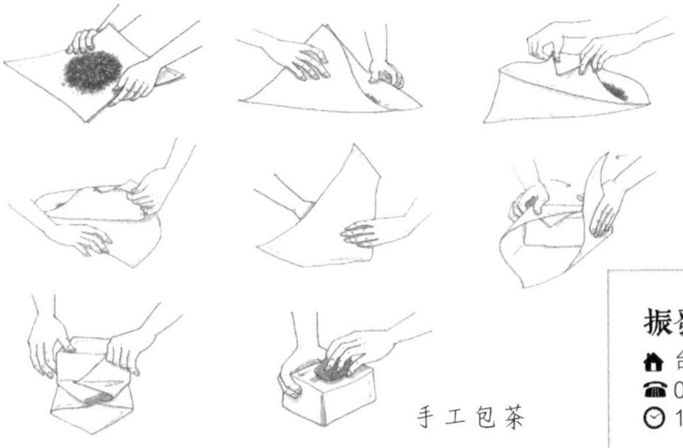

手工包茶

since 1860

振發茶行

台南市民權路一段137號
06-2223532
10:00~18:30

萬川號

台南歷史最悠久的老餅舖

萬川號創立於清同治十年（1871 年），是台南歷史最悠久的老餅舖。第一代陳源老闆和兄弟合營「萬順餅店」，後來兄弟分家，他將店號改為「萬川」，留下餅店的「萬」字，「川」是取自順字的左半部，意味兄弟分家獨立。

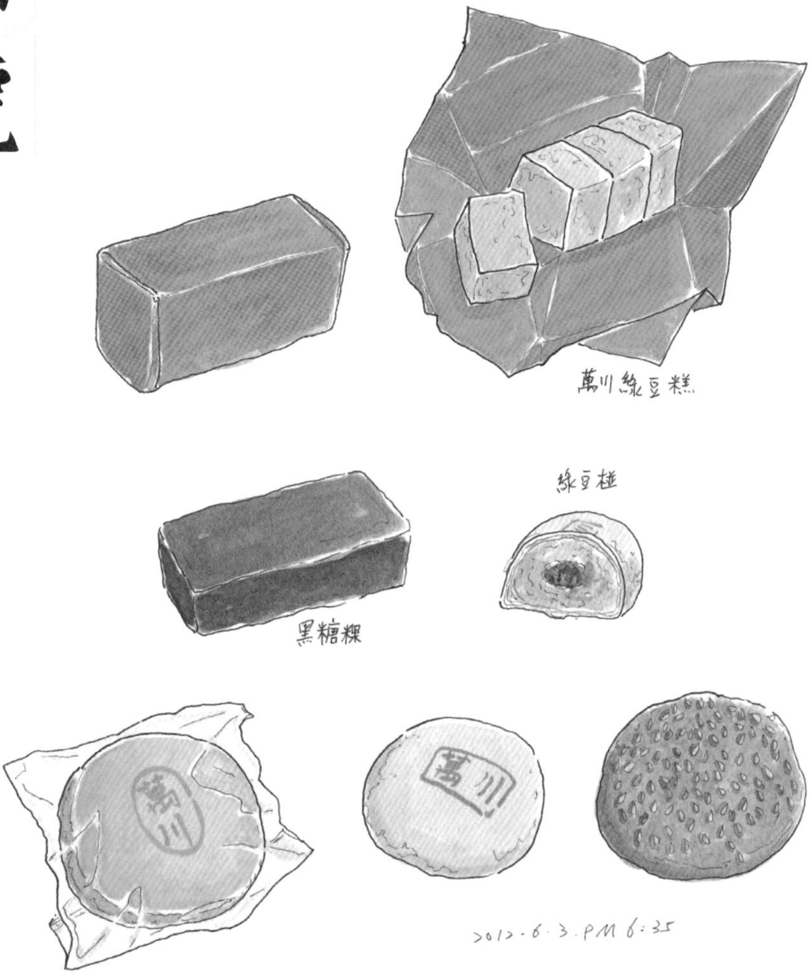

陳源起初在四嫂巷口（民權路一段199巷）販賣包子和水晶餃，存了些積蓄後買下現址開店。目前由第四代陳冠州、陳冠能接棒，兄弟倆順應時代以企業化經營，注重衛生與健康等食安方面管理，而中式餅類的「現代化」，也一直是兄弟倆努力的目標，期許加注新理念給予百年老字號新氣象。

一百四十三年來，萬川號堅持傳統手工製作，採用新鮮素材，頗受好評的肉包，裡頭用的是新鮮絞肉、香菇、鴨蛋黃，外皮綿細富彈性，咬下第一口立即吃到多汁且帶有香菇及鴨蛋香的肉餡，口感清爽不油膩；水晶餃的表皮Q彈有嚼勁，比市面上吃到的稍大一些，特調內餡與豆仔薯形成口感絕妙的口味；而傳統漢式糕餅有桂花糕、茯苓糕、麵粉酥、黑糖粿、綠豆糕、鹹糕、綠豆椪、沙西餅、芝麻荖、香餅等。萬川號每一樣保留傳統美味的產品，讓兒時記憶一一浮現於味蕾，也是台南相當人氣的伴手禮。

由於強調手工製作無法機器量產，使得萬川號無法開設分店，然而也只有這樣「僅此一家，別無分號」的萬川號，才能以外表簡單、口味單純，包裝精簡的古早味點心，記錄下台灣早年社會的飲食生活。期許老店對老字號持續的用心經營，別讓台灣老口味失傳了。

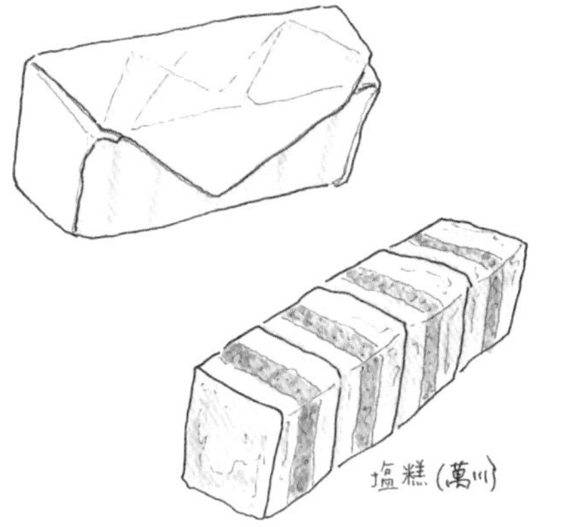

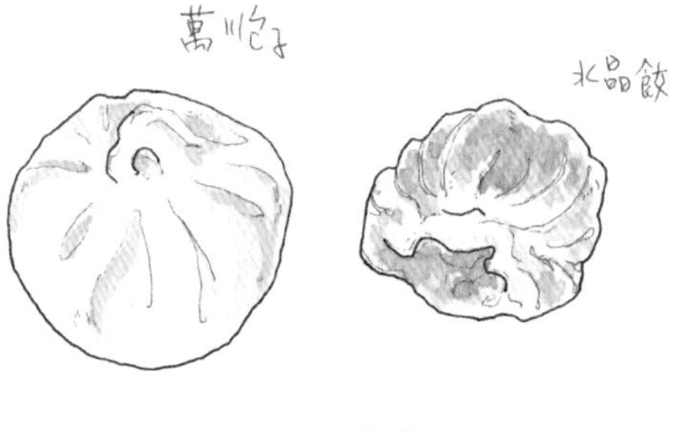

since 1871

萬川號

台南市民權路一段205號
06-2223234
08:00~22:00（每月第四個星期一公休）

合成帆布行

這裡看得到京都一澤帆布精神

寫生時並沒有告訴許老闆是要出書的，沒想到他一口就答應讓我自行上樓去畫圖，展現府城的人情味。沿著樓梯走到帆布行二樓，眼前盡是一架架的縫紉機，一捲捲的各色帆布，工作臺上第一線的廖大哥將帆布一層層鋪在桌上，拿著手動機器裁切布料，接著擁有資歷十年以上的師傅們，純熟踩著縫紉機，專注車著帆布包，他們是合成帆布行的幕後功臣。

【車】

一針一線，
和著歲月不停的車著。
十多年的青春，
跟著針車的速度，
「告！告！告」的消失……
唯一停留的，
是帆布袋上
那整齊的車縫線。

王秀美

【三代】
三十年的歲月
給了三個人。
第一代的老老板,
第二代的現任老板,
第三代的小老板,
阿足說:
接下來的日子,
要留給我自己。
(阿足由10多歲待到快60歲,陪著合成一路走來,樸實的她就如同手中的帆布袋,厚實又低調。)
宋合足
brother
2012.2.7 PM3:10

民國五十八年創立的合成帆布,陳舊的木製櫥窗中展示著一只只新款帆布袋,店面也掛著各式傳統帆布書包,走進店裡不禁令人想起當年背著帆布書包上課的學生時代,是一種屬於台灣生活的記憶。合成帆布早期以書包代工爲主,當年曾製作多達台南縣市數十所學校的書包,有「書包大王」之稱;不過店家也接受小量訂製,記得多年前我也來這裡訂製過帆布袋,數量很少只有五個老闆也都願意製作,收費也非常平實。

第二代老闆許勝凱先生表示,「合成帆布行」前身是 1920 年創立的「來福帆布行」,當年的老闆總共雇了三名夥計,老闆過世後由三人接下店面,由於當時生意興隆,三人於 1956

年又開了合成帆布行，以「合起來就會成功」爲名擴大經營，直到 1979 年三名老戰友協議拆夥各自開店，並決定三人都不用「來福」這老店號。

吃過苦日子的合成，體認到老字號必須在傳統中加入新設計，才能讓傳統工藝找到新定位而永續經營。2009 年合成帆布行官網上線，引來一陣帆布袋搶購風潮，全台許多公民營機關團體紛紛下單訂製；近年台南觀光熱絡，合成帆布更成爲搶手店家，每一只包都是在地生產，深具府城風情，車上合成帆布的標籤更具台南印象，成爲台、港、日、中遊客必訪勝地，假日還有旅行團專車前來購買，帶動老店新一波消費商機。

合成帆布\裁布

手裁有不整齊的小小問題
但這樣才有手作的溫度...

since 1956

合成帆布行

台南市中山路45號
06-2224477
平日 09:00~21:00／假日 09:00~20:00

再發號肉粽

實在有料的老粽香

再發號老闆娘手腳俐落地坐在店後方包粽，她說：「店內販售三款肉粽，因為特製八寶粽尺寸太大，手小的女性一手拿不穩，所以這種肉粽是由第五代老闆吳冠廷負責。」古早味是吃懷舊的，再發號的肉粽不用濃稠的醬汁，而是淋上特製肉汁讓肉粽口感變得清爽不油膩，是現在少見的古早吃法；值得一提的是店內特製的竹叉，可讓客人體驗早年吃肉粽的時代感。不過實在太多人以為竹叉是伴手禮，吃完就直接帶走，再發號只好多訂作些，一支二十元賣給喜愛的饕客收藏。

再發號

肉粽 50元
採用瘦肉為主餡，缺少油脂的部份用肉躁代替，50元單價不便宜，但整体口感融合的很棒。（150元的肉粽用美耐磁盤裝）

肉羹（小）40元
2012.7.23 PM:12:45
有魚羹、小卷羹和肉羹三種，店家說只有肉羹是自製。肉質嫩軟不硬，沒有肉腥味，給料大方，一碗40元有5塊肉，唯勾芡太稠了。

清同治十一年（1872 年）創立的再發號，屬泉州粽。第一代吳加再挑擔沿街叫賣，第二代吳燦在上帝廟旁（北極殿）開店，除了肉粽外還經營飯菜，第三代吳金發搬遷至現址，並取了店號「再發號」，以第一代老闆名字中的「再」及自己名字中的「發」而來，他更獨創了新口味的八寶粽，比一般的肉粽大上許多，由此在府城打響名號。

百年老店誠信經營，實在有料的古早口味大受顧客歡迎。傳統的五十元肉粽採瘦肉爲主餡，油脂部分以肉燥代替，單純也最具傳統味；而一百五十元特製八寶粽，外層是新桂竹葉，內層用兩張煮過的青葉，包進魷魚、櫻花蝦、鮑魚、干貝、蛋黃、香菇、扁魚酥、栗子等，配料多達八種，比一般肉粽大上近一倍；自製的肉羹軟嫩不硬，沒有肉腥味，給料也大方；其他備受饕客好評的還有甘甜鮮美的小卷湯，清燙後保留小卷脆度，只用薑絲、韭菜和些許鹽調味，鮮度馬上在舌間散開。許多從小吃到大的客人，就是這樣愛上這味代代相傳的老粽香。

小卷湯
40元
小卷很鮮甜，清燙後保留脆度，湯只有薑絲和韭菜及些許鹽調味，沾點醬油入口，讓鮮度馬上在舌間散開。
2013.1.15. PM1:00

since 1872

再發號肉粽

台南市民權路二段 71 號
06-2223577
09:00~20:30（全年無休）

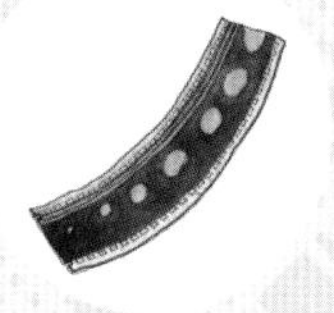

和李安一樣
從這裡啓蒙
老行業也是從零開始

口中散出的古早味冬瓜香
記憶中喀喀喀的木屐聲
大紅喜幛下臉也紅撲撲的阿公與阿嬤

一場老行業的電影
還精采嗎

別急著想
留下吃頓飯吧
咀嚼老時代要花點時間的呢

新美街

全美戲院

李安的電影啟蒙地

李安導演曾說：「全美戲院是我踏入電影的啟蒙地。」因為名導的一席話，讓這座帶給台南人許多珍貴回憶的老戲院，再次浮現於人們的記憶當中。

全美戲院總讓我想起《新天堂樂園》這部電影。記得學生時期口袋沒幾個錢，總是和朋友相約到全美看電影，早期全美的座椅是木頭製的，在木椅上一坐就是四個小時，等到兩部片看完後屁股也都坐痛了，不過兩片同映的實惠價格讓大夥抱怨歸抱怨，下次還是興高采烈地再度光臨。偶爾遇到熱門的電影，即使現場爆滿沒有空位，我也一點不介意地坐在走道上欣賞，現在想起來還挺懷念的。後來豪華戲院和大型影城陸續出現，老戲院的生意由風光轉慘澹，第二代的吳俊誠是戲院經理，爲面臨散場的老字號費盡心力。民國八十八年底全美內部徹底翻新整裝出發，汰換了那二十餘年來讓無數電影迷坐得發疼的木椅，並增加許多新穎設備，讓全美後來成爲影展、電影劇組拍攝場景以及文藝展演的熱門場地，同時還曾是新人求婚的浪漫場合呢。

坐落在日據時期大宮町一丁目的全美戲院，昔日周邊是熱鬧的街市，昭和時代之前，三連棟的店屋爲葉飛雄先生所有，二戰時期因空襲而毀壞。民國三十九年歐雲明兄弟重建電影院，取名「第一全成戲院」，建築外觀是巴洛克式風格，中棟最上方有著「THE FIRST CHUAN-CHEN THEATHRE」字樣的浮雕英文戲院名，外牆則有圍繞建物一周的幾何圖騰與海馬紋飾，種種細節展現出當年建築精緻的一面。

「戲院」一詞爲戲劇和電影院的簡稱。走入放映廳，迎面而來的白色布幕前就是一座大舞台，旁邊還有個可作爲更衣室用途的小空間，除了用來播放電影，這樣的舞台空間設計當年還可提供給歌仔戲、布袋戲等劇團演出，是戲劇與電影兩者兼營的模式，可同時滿足觀賞民眾的口味。民國五十八年，第一全成賣給了所有人的妹婿，也就是全美第一代負責人吳義垣先生，「第一全成戲院」改名爲「全美戲院」。全美起初放映首輪片，但是當時首輪戲院競爭激烈，因此民國六十年起全美改變營運模式，成爲全台灣第一家播放二輪電影的戲院，除了票價半價之外還可享受兩片同映的優惠。1960、70 年代台灣秀場蓬勃發展之時，全美也提供場地作爲秀場舞台，帶給大眾多元的消費娛樂，等到秀場文化沒落，再度回歸到兩片連映的經營模式。

有回拜訪全美，放映師帶我爬上了戲院屋頂，近距離欣賞沿著外牆裝飾的海馬浮飾，每隻海馬都是以手工精細雕刻並上色，胖瘦不一的模樣饒富趣味。接著放映師帶我走入放映間，立即映入眼簾的就是兩台老放映機，一架是底片放映機，另一台是數位播放機。「喏」，放映師指了指地上幾捲小鐵盒，「那幾個是我最後用底片機放映的電影預告片」，他接著苦笑說現在都改成數位播映了呢，我看了看日期都是民國一百年。我待在放映間畫著這台底片放映機，耳中傳入的是正在播放的電影，我彷彿看到《新天堂樂園》中總是偷溜進放映間看著艾費多操作放映機的小男孩多多，那是一段令人懷念的底片機時光。

挺過一甲子歲月，全美戲院見證了台灣電影娛樂的各個歷程。吳經理表示戲院會再度小規模整修，他希望能讓更多藝術表演團體在這裡表演，他希望一家老戲院，也能展現人文精神的發揚與傳承。時至今日，全美是台灣唯一仍然使用手繪電影看板的戲院，這項即將失傳的老行業，幸得吳經理全力支持，加上電影看板師顏振發師傅一筆一畫的功力，讓人光是從這些手繪看板，彷彿就能回味1950年代的電影院場景。推薦讀者走訪府城外，如想感受在老城市過生活的方式，不妨試試來這裡看場二輪片，票價便宜，座位也舒適，走出戲院還可以拿到一截電影底片作爲觀影紀念——那是一段濃縮著老戲院往日情懷的美好時光。

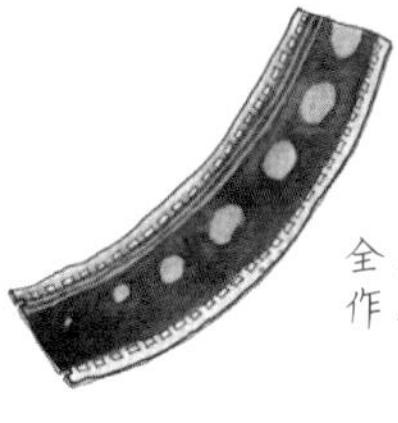

全美提供一截底片作爲觀影紀念品

傳統底片放映機
已很少使用了!
大多用於廣告短片
幾分鐘的時間,
現在電影都改用數位播放。

不久,
這台機器也將走入歷史,
成為回憶.

(全美戲院B廳)

預告片底片盒
鋁製

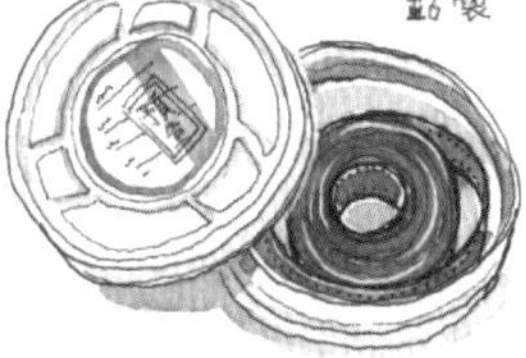

戲院內舞台和螢幕

since 1969

全美戲院

台南市中西區永福路二段 187 號
06-2224726
＊兩片同映，全票 130 元，持貴賓卡優待票 100 元，兒童票 70 元。

手繪電影看板師

台灣最後的手繪畫師

幾桶油漆、幾管油畫顏料，加上刷子和畫筆，幾個簡單的工具，一張栩栩如生的電影看板就此誕生。我問顏大哥：「你看過你繪製的那些電影嗎？」他搖搖頭繼續手上的工作，原來五光十色的電影產業和我們想像的不同，他將生命中最輝煌的歲月貢獻給戲院，一筆筆繪出令人嚮往的電影畫面，但他卻不曾踏足那絢爛的電影世界……

since 1970

手繪電影看板師

顏振發師傅
☎ 0960-369809

顏振發師傅，全美戲院的專屬看板畫師。顏大哥自小對畫畫感興趣，透過親戚介紹，從下營前往台南拜師學藝，他最早在延平戲院當學徒，一年後嘗試畫了第一個看板——歐美電影《丹麥嬌娃》。顏大哥自十八歲起開始學習手繪看板，全台南市的戲院幾乎都曾高掛過他的作品，這行業的全盛時期，他一個月至少要畫上二至三百幅，沒想到這一畫就畫上了四十年。早年畫看板算是收入頗豐的行業，然而隨著影城興起，手繪電影看板逐漸成為乏人問津的行業，目前全台專職的手繪畫師也只剩他一人了。

顏大哥繪製看板的地點，有時在戲院旁，有時在對街的走廊上，通常是平日上工，由於沒有固定的時間，得靠些運氣才能看到他畫圖。一張電影看板通常會拆成四到六片木板來繪製，每片約三尺平方大小，我運氣好看過大哥畫過幾次，不過老實說，未完成前實在很難了解他手上畫的是哪部電影。

原本以為畫完看板交稿就能交差，但只見顏大哥戴上軍用手套，將看板以粗繩固定，走入戲院爬上鐵架，再緩緩將看板由一樓拉到二、三樓，這樣的步驟要重覆十多次，直到所有的畫板都擺放完成，才算收工。

啓蒙顏大哥的恩師陳峰永為台南藝術家郭柏川的學生，數十年來，顏大哥也累積了不少油畫創作；有回拜訪顏大哥的工作室，他開心地從舊衣櫃中拿出許多作品讓我們欣賞——老婦、動物、八家將臉譜、風景等作品，帶有強烈的電影看板風格，又兼具油畫表現的細膩，令人印象深刻。

去年國際媒體美聯社曾採訪全美戲院，還特別介紹戲院的手繪看板。今年全美戲院和台南市文化局規畫了一系列「大師學堂—手繪電影看板工坊」課程，邀請顏大哥開班授課，上課教室是全美戲院對面的騎樓，報名學員從基礎彩繪開始，忍受夏季高溫與刺鼻的油漆味，一步步體驗手繪電影看板師的工作過程，以及令人肅然起敬的老職人精神。

第一步驟先用粉筆打草圖

老街款款行

大井頭

（市定古蹟）

「大井頭」是躺在地上的市定古蹟，乍看像是下水道口很不起眼，許多行經的車輛和行人都渾然不覺，不知道自己腳下踩的、輪子上壓的就是古蹟。

大井頭是地名，原指大井旁的碼頭。1863 年後台灣與中國商船開始頻繁往來，當年大井頭一帶繁榮一時，「大井」也成了往來船隻的補給儲水站，也因井水質好甘甜，有句俗語就盛讚「飲大井水，沒肥也美」。即使到了日據時代，仍然有許多人到大井取水飲用，直到自來水逐漸普及，打水的人才慢慢變少。

大正五年（1916 年）民權路拓寬時塡掉了一半大井，等到民國五十四年民權路再次拓寬，大井整個被拆除，井口加上了鐵蓋，這口古井便完全隱入路面成爲今日的面貌。現在人們想緬懷「大井頭」的過往歷史時，只能透過市政府所設立的說明碑悼念了。

ⓘInfo
台南市民權路二段與永福路交會處（全美戲院旁）

建成年代不明（約略明鄭之前）

祀典武廟
(國定古蹟)(大關帝廟)

祀典武廟建於明鄭時期，爲國定古蹟，俗稱「大關帝廟」或「武廟」，是爲了和新美街的「小關帝廟」有所區別。原本關公是與抗金名將岳飛並祀的，清廷爲了消除反滿思想，不斷提升關公的民間地位，甚至追封關帝祖宗三代爲公爵，並將一些大型關帝廟改爲官祀，祀典武廟也在這樣的影響下，奉旨舉辦春秋二祭，成爲台灣唯一列入官方祀典的關帝廟；享有「祀典」尊崇的武廟，在民間信仰間具有崇高地位。

相傳祀典武廟爲寧靖王府（現大天后宮）的一部分，歷史上記載第一次重修爲清康熙二十九年（1690年），經歷多次整修，目前現況爲1840年重建後的廟宇模樣。

一片的紅色山牆，是一般人對武廟最深刻的印象。拜訪武廟一定要來看看被稱爲台南四大名匾之一，位於三川殿的「大丈夫」，其意出自於《孟子》中「富貴不能淫，貧賤不能移，威武不能屈，此之謂大丈夫也」，以「大丈夫」來襯托關公的正氣凜然；此外，正殿上方的「萬世人極」也是極爲珍貴的古物，爲清朝咸豐皇帝御賜之匾額。

ⓘ Info
台南市中西區永福路二段229號
06-2202390 05:00~21:00

吳萬春香舖

百年手工古法製香

武廟前有家台南歷史最悠久的香店，傳承兩代的「吳萬春香舖」。自 1902 年創店，歷經原物料價格上揚以及低價劣質香的競爭，至今堅持以天然原料、手工古法製香，維持百年商家店譽。

陳蓮阿嬤是台北人，二十歲起成爲府城媳婦，一晃眼擔任老闆娘已七十個年頭。店內的老木桌散發出沉穩樸實的歲月氣味，櫃子上擺放的是一包包紅通通的香，分別取名爲玉梅香、富貴香、幸福香等喜氣洋洋的名字，每一袋都有阿嬤親手包裝的心意。與阿嬤閒聊，總讓人欽佩她踏實的經營態度，她認爲做人要誠實，賺錢也要賺得心安，她曾說：「好的香質純不刺激，點一柱就能讓人感到醒腦與安定。」阿嬤的智慧語錄如一柱好香，每每令人醍醐灌頂。

兩名老師傅在店內幫忙超過五十年，其中一位吳博男師傅已經七十歲了，退伍後就來店裡工作，每天自歸仁騎摩托車往返，數十年如一日，他笑說：「人在一起是緣分，老闆夫妻待人和善也豪氣，珍惜這樣的緣分，所以就賴著不走了！」店內的香都是阿嬤和吳伯伯仔細包裝的，有些紙香袋沿用的是超過四十年的舊包裝，圖面復古又充滿傳統氛圍，就像這家老店一樣，以傳統技術製香數十年。

平日上午是師傅製香的時間，想參觀的民眾可以告知老闆娘，即可走到後頭參觀製香過程。我一邊畫圖一邊看師傅熟練地甩動手中的香，神情專注地將香枝沾水後裹上香粉，飄散屋內的香粉如淡黃色的煙霧，發出的陣陣香氣，令人感受到手工製香的傳統人情味；隨後跟著吳伯伯步上屋頂曬香，只見他迅速綑綁起昨天日曬的香，扛到樓下擺放好，接著將剛完成的香鋪滿木架，沒花上多少時間，只見鐵灰色的屋頂已染上一片對老天爺虔誠的金黃。

印著早年5碼電話舊包裝的紙香袋

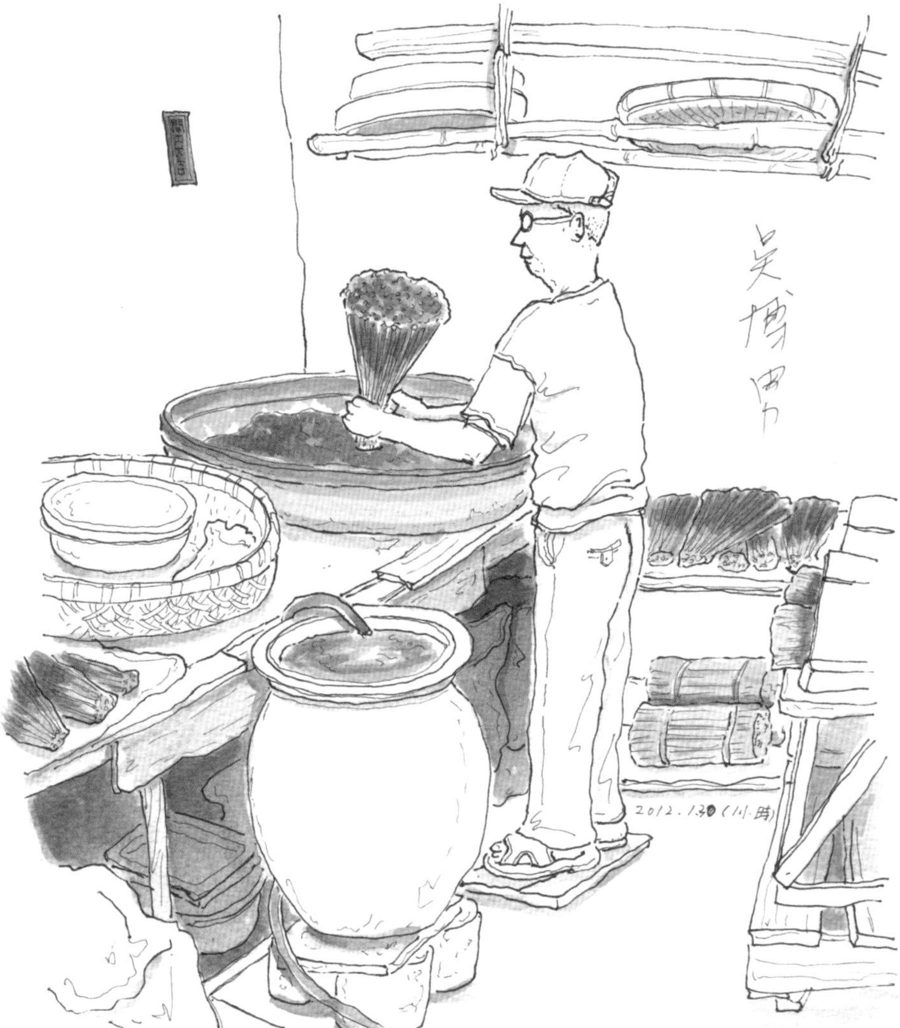

製香

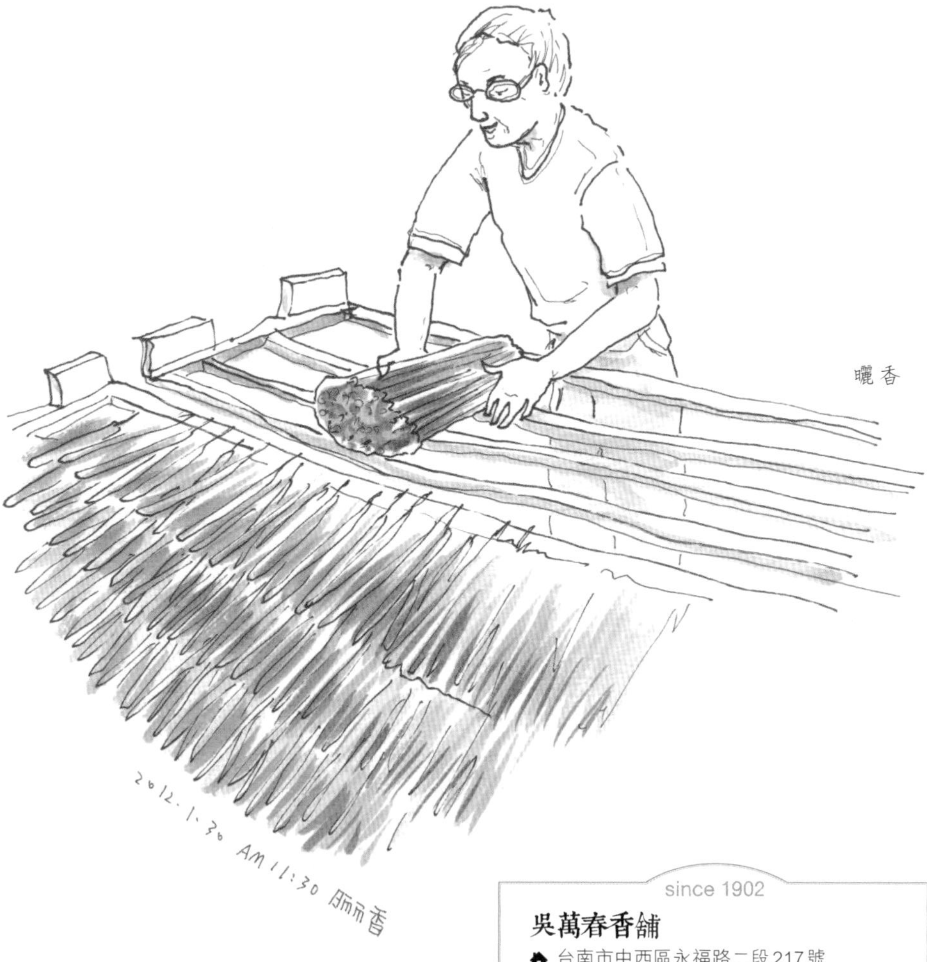

since 1902

吳萬春香舖

台南市中西區永福路二段217號
06-2216657
07:30~19:00（全年無休）

小叮嚀：阿嬤非常珍惜百年的老木桌，不喜歡客人拍桌，請輕輕碰觸，否則她會不開心喔！

魏俊邦雕刻研究社

台灣國寶級紙塑工藝

那天下午，魏俊邦大哥抽空帶著我在武廟內講解廟宇文化，以及傳統技藝的故事。被喻為「國寶大師」、「府城國寶」的他，專精於以糯米和棉紙脫胎塑像的技術，是台灣的紙塑技藝大師。

魏俊邦的父親魏得璋原是醫生，白色恐怖時期被當成中共間諜遭軟禁，還是奶奶賣掉房子籌款才把父親救回家，擔心再被冠上間諜罪名的父親，開始跟鄰居的老師傅學習維修廟宇技術，改行當起匠師。魏大哥從小學五年級就當了學徒，除了父親指導外，也跟大木作師傅黃金池、彩繪大師潘麗水、陳玉峰等人習藝。父親對他的要求比別人來得更嚴格，但也由於當年辛苦的學徒生涯，使他練就了一身好功夫，舉凡紙塑、雕刻、彩繪、石雕、大木作等技藝，運用的素材相當豐富，更熟習各類材料的雕塑。

早期有句話「一紙、二土、三木、四陶瓷」，用來形容不同素材神像的身價；紙塑神像較能耐蟲蛀、腐朽，毀損時還可以修改，是一般木刻神無法達到的，而由於紙塑作品的頭部和身體是分開製作，軀幹內部還有個空間可用來收藏寶物，甚至有人拿來當成保險庫呢。紙塑神像能保存長達六百年的歲月，完成一尊紙佛像時間，大約可雕刻三至六尊木刻神像，由於製作工時長、過程繁瑣，價格自然不斐，所以訂製量並不高，也讓這門源自唐朝的千年技藝幾乎失傳。

魏大哥感嘆地說：「現在的傳統技藝不受尊重而日漸沒落，願意下苦功學習的年輕人愈來愈少，擁有好手藝的老師傅找不到人傳承，而不少工匠更長期面臨失業，現在只能希望兒子魏介明跟徒弟們能將這門傳統技藝延續下去，別讓珍貴的手藝就此失傳。」

隔段時間我再度拜訪時，才得知魏大哥已於2014年年初因病過世，台灣就此失去了一位國寶級紙塑大師，不過「魏俊邦雕刻研究社」還是繼續經營，期待魏俊邦後人能將這千年技藝永遠流傳下去。

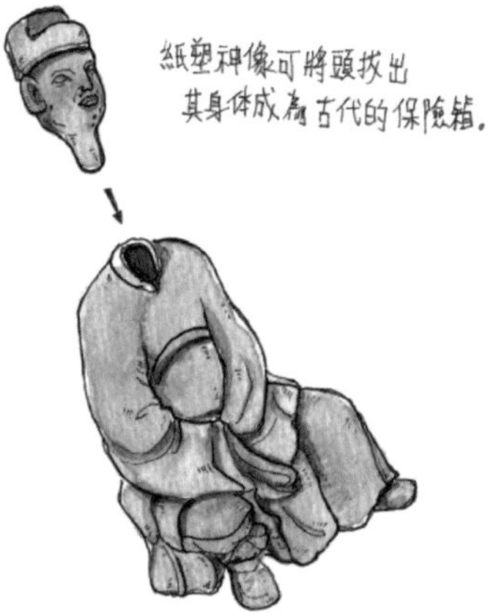
紙塑神像可將頭拔出
其身体成為古代的保險箱.

近百年，年代不詳

魏俊邦雕刻研究社

台南市永福路二段223號
06-2113929
09:00~18:30（週日休）

武廟肉圓

晚到就吃不到的古早味

沒有店號，只有一個攤車和幾張桌子，因位於武廟前，大家就喊「武廟肉圓」。武廟肉圓每天現做現炊，紮實口感的瘦肉餡加上獨家配方醃製入味，一口咬下香氣四溢，手工捏製的肉圓，外表有著不規則的捏痕，這是手作的痕跡，成為武廟肉圓的一大特色。每份肉圓，附上一碗大骨清湯，可和肉圓一起享用，大大滿足饕客的胃。

1975年，第一代張大均創立肉圓攤，他研發的四角形蒸籠和坊間常見的圓形很不同，使用方形蒸籠可讓肉圓炊蒸速度更快外，受熱更平均，是肉圓美味的秘訣。二代老闆張庭嘉接手攤位十年，總見他酷酷地鏟著肉圓，招呼應接不暇的客人。他讓我看他手上的燙傷：「賣肉圓眞的很辛苦，手上會有數不清的燙疤，而且大熱天站在高溫的攤車旁更是一道酷刑。」不過他笑說做這行一定比上班族收入好，只是賺不了大錢，就是腳踏實地老老實實的營生。還好張老闆有家人齊心協力，目前由第一代夫妻倆和女兒夫妻負責產品製作，張老闆負責門市面對消費者；他清早七點起床第一件事就是熬煮沾醬，下午來攤位販售肉圓，傍晚回家爲隔天備材，等到眞正能就寢時都已超過十二點了。而意外的是這行也是看天氣吃飯的行業，遇到天候不佳，不僅須減少備料，隔天也可能無法開店營業。

張老闆一家住在國華街，第一代老闆早年推攤車四處叫賣，武廟只是其中一個休息點，後來落腳武廟，在廟埕前叫賣超過三十年。從前必須每天將肉圓和工具裝滿攤車，而從家裡到武廟又是上坡路段，必須辛苦地推攤車上坡，直到承租店面後就輕鬆多了。張老闆表示：「其實第一代生意就很好，加上電視新聞報導觀光客絡繹不絕，不過人手與體力有限，每天只能做固定的量來賣。」兩代傳承的古早味肉圓攤，總是排著長長的隊伍，是晚到就吃不到的府城美味。

since 1975

武廟肉圓

台南市永福路二段225號‧武廟廟埕前
06-2229142
平日：13:30～售完為止（週二公休）
假日：12:30～售完為止

小叮嚀：
1 因手工製作肉圓每日限量，自午後開賣，售完為止。
2 店內規定「三人禁點一份共享」與「外帶不能內用」，因店家只有四張桌子，內用的客人都需要排隊等候，如果三人點一份就占用一張桌子，或是外帶又臨時改成內用，他們擔心客人等候太久才設立的規矩。

武廟炭烤三明治

在地人最愛的傳統早餐

第一次來品嚐武廟炭烤土司時人潮還沒現在這麼多，顏玉鑾阿嬤還有空檔停下手邊工作和我聊天，等到媒體介紹後不久攤位大排長龍，炭烤土司反而變成了在地人如我不容易吃到的古早味了。顏阿嬤二十七歲起開始販賣炭烤三明治，轉眼也將近五十年了，阿嬤來到武廟前擺攤也快要三十年了，不過當時因馬路拓寬，十多年前改搬進巷內現址營業至今。

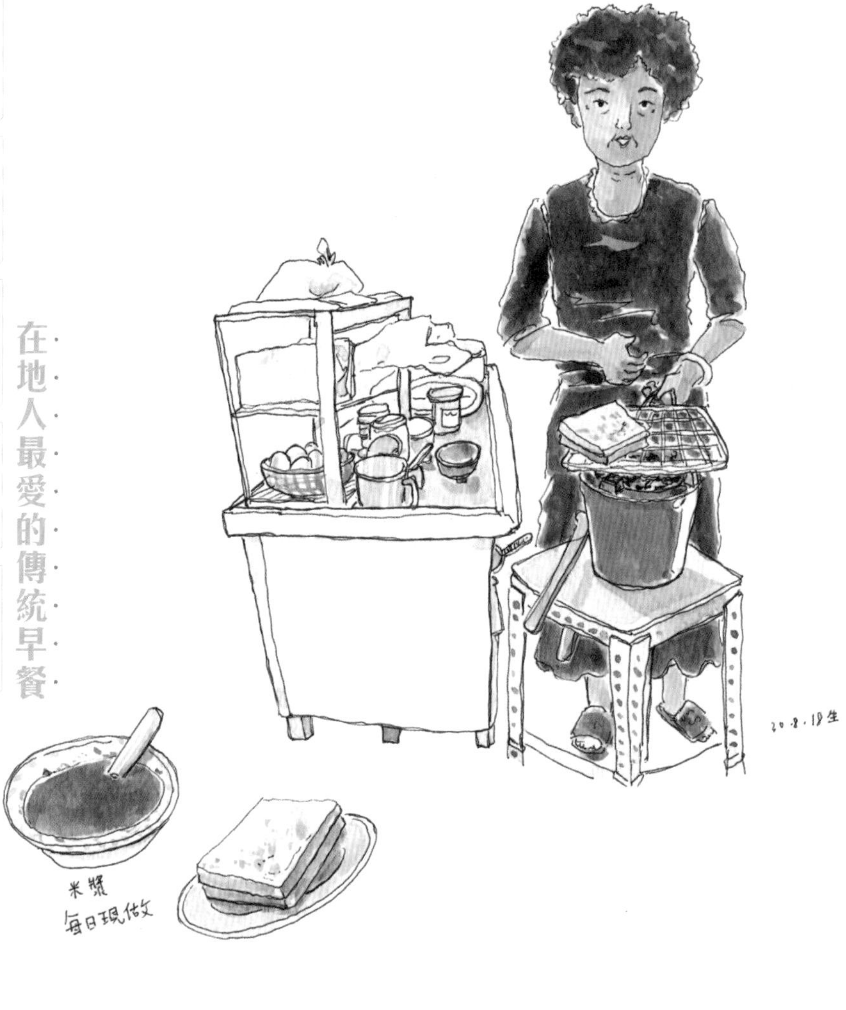

阿嬤每日五點起床，天天親手熬煮的米漿新鮮度一百分，現點現做的夾蛋土司，她會先放奶油煎兩顆蛋，混合雞蛋的奶油香，光聞氣味就令人飢腸轆轆！接著她用土司夾住滑嫩的煎蛋，放在火爐上烤出焦香，看著被鐵網烙出格紋逐漸發出香氣的土司，微酥的表面令人食指大動，一問才知道，原來炭烤可以鎖住土司的水分，細細品嚐起來還有股淡淡的炭香，那可是烤麵包機無法提供的口感呢。最特別的是，冷掉的土司嚐起來還是相當可口，如果不愛夾蛋土司，貼心的阿嬤還提供奶油和草莓口味供客人選擇。

時髦的顏阿嬤和藹親切，常和客人閒話家常，多次拜訪總見她一身漂亮打扮，有時上點妝，頭髮也梳整得相當好看，看見客人就熱情招呼帥哥美女，是位高齡七十三歲卻仍充滿活力的資深熟女。

如果想品嚐府城古早味早餐，記得早點來攤位，阿嬤平日十點半就準備收攤休息，假日會營業至中午前，女兒和媳婦偶爾會來店內幫忙；不過如果大家來得太晚也不用擔心，阿嬤的女兒另外在武廟旁也擺攤販賣她的招牌早餐，讓愛上古早味的饕客們不愁遇不上好滋味。

since 1968

武廟炭烤三明治

台南市中西區永福路二段227巷3號
06-2216658
05:30~11:00（週一、二休）

算命巷

天機不可洩漏百公尺外

天后宮旁有條歷史感十足的古巷，由於巷道有兩個小斜坡，彎曲的坡度神似斜放的葫蘆，在清代有「葫蘆巷」之稱。清代時期約有七至八家擇日館，日據期間已減至五家，後來剩三家相鄰，是府城有名的「算命街」，目前僅存魏締弼、啟明堂及中正堂三家。

「魏締弼」第六代傳人魏茂雄先生主要以擇日排八字爲主，年屆七十的他早年從事成衣業，接棒至今也快三十年了，他說：「算命先生的意見確實可以當作參考，不過最後做決定的還是自己。」

「啓明堂」第四代陳林泓先生，原本專攻病理醫檢科，曾赴美研究癌症，不過身爲家中獨子，最後還是回台繼承百年家業。八字、擇日、命名、到府觀風水，皆遵循家傳，林先生說：「算命是現代心理學，應該有知命不認命、自己來創命的思維」。他還會貼心地幫客戶編碼，再以電話報上編號，並耐心給予解答，同時爲了保護客戶隱私，過五年就會銷毀舊資料；可能因曾經旅居國外，他的客戶紀錄本還是用英文編碼，我看著同時寫在紅紙上的中文和英文，備感有趣。

算命巷百年來變化不多，饒富古味的街道有著濃濃的懷舊感，短短不到百公尺的巷道，展現指點迷津也是自古以來的生活之道。

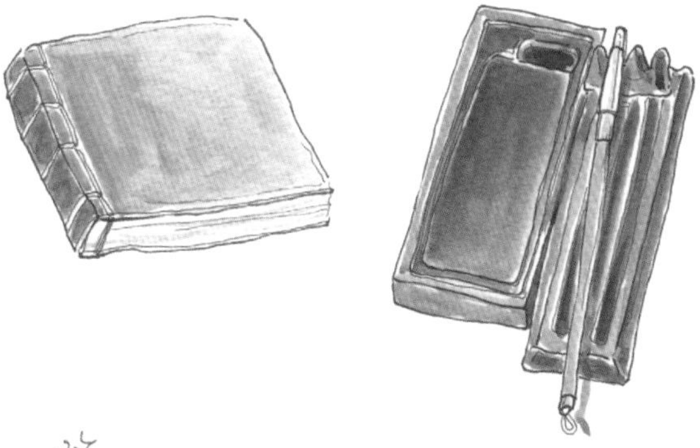

超過百年，年代不詳

算命巷

台南市永福路二段 227 巷

大天后宮
(國定古蹟)

2013.2.23 PM 1:45

我站在龍柱旁寫生，畫下信徒虔誠上香的模樣，有的祈求媽祖保佑，口中念念有詞；有的執杯問事；有的求個平安，香煙裊裊環繞，香客臉上表情顯得安定而平和，廟宇果眞是鎮定人心的最佳場所。

大天后宮又名「大媽祖廟」，是全台第一座官建媽祖廟，也是唯一被列入官方春秋祭典的媽祖廟。鄭成功之子鄭經，從福建迎寧靖王朱術桂以「監國」身分來到台灣，因此興建了寧靖王府，鄭經去世後，兒子鄭克塽繼位，康熙二十二年（1683 年）水師提督施琅率領清兵攻佔台灣後，鄭克塽投降清朝。施琅隨即將寧靖王府納爲其居所，不過爲了避免皇帝猜忌，隔年將寧靖王府改建爲台灣府天妃宮，並封媽祖爲天上聖母。

1818 年，大天后宮遇大火，廟宇建物及各式珍貴文物幾乎付諸一炬，現今風貌爲當年原地重建而成。觀音殿供奉的觀音是寧靖王生前所祭祀的，施琅於康熙二十四年（1685 年）所立的「平台紀略碑」爲台灣保存最久遠的清碑。殿內許多彩繪壁畫多出自彩繪名家陳玉峰之手，後殿有座「龍目井」，相傳是寧靖王府內專用井，至今仍出泉不斷，歷史超過三百年之久；擁有豐富建築樣式與珍貴歷史文物的大天后宮，是廟宇藝術的珍貴殿堂。

ⓘInfo
台南市中西區永福路
二段227巷18號
since 1664

2012.3.2
天后宮井
每年端午才開鎖，目前還出泉。

隘門

隘門是民間自衛的一種措施，台灣早期聚落特有防禦建築，屬於聚落或市街中的安全防守設置。「隘」指狹小、狹窄、險阻的地方，所以隘門都設於地形險要之處，其主要的功能有兩點：一是「抵禦盜匪」，隘門通常在白天開啓，夜間關閉，只留一個小孔監視出入者，以保障生命和財產安全；二是「械鬥界限」，因當發生械鬥糾紛時，只要逃回自己的隘門內，關上隘門即可保障安全。

時代變遷，如今許多隘門早已失去功能而被一一拆除，而全台僅存的隘門，如沒有特別介紹，就算路過也不知其歷史與特殊功能。隘門見證了舊時代的生活智慧，是研究聚落歷史的重要文化資產。

Info
永福路197巷6弄

兩角銀冬瓜茶

復興家傳百年好滋味

不像多數店家賣的冬瓜茶只有甜味沒有瓜香，兩角銀的冬瓜茶不僅散發冬瓜香，一杯冰涼下肚，瞬間暑意全消。

待削的新鮮冬瓜

我對於老店販售的口味都躍躍欲試，因爲第三代傳人在古法中加入創意，研發出新口味，除了原味還開發出無糖、半糖、清香、炭烤等多樣口味的冬瓜茶，特別推薦無糖的冬瓜茶，帶點淡淡冬瓜清香的味道，喝完反倒更有止渴的功效喔！店家也順應台灣興起的冰淇淋風，開發了獨特的冬瓜茶口味，強調不加牛奶和乳化劑，口感類似綿綿冰相當獨特。

有一回我喝著冬瓜茶和老闆閒聊，不經意瞥見一只擺在桌上形狀很特別的玻璃瓶，一問之下才知道是超過五十年的手工玻璃瓶，是當年用來盛裝冬瓜茶的容器，有白和綠兩款顏色，老闆說：「最早的封口蓋是用植物馬艮製作，後來改用軟木塞，最後用塑膠蓋塞住瓶口，當年只要付押瓶費兩角銀就可帶走，很多客人是外帶看電影時喝，只要歸還瓶子店家就退押瓶費。」聽完這答案很驚訝，原來當年已這麼有環保意識，令人佩服古早商家的智慧。

民國三十七年幣制改革，舊台幣四萬塊換新台幣一塊，當時一杯冬瓜茶賣兩角銀，店家乾脆把店名取名爲「兩角銀」，兩角銀第一代老闆是張福裕，民國十一年起就在中正路賣冬瓜茶，擺攤三十六年之久；後因製作冬瓜茶的過程辛苦，第二代改行賣衣，第三代張家蓁與先生兩人不捨阿公的好口味失傳，民國八十八年以冬瓜茶老店重新開張，承襲前人的傳統手工製作技藝，復興家傳的古早味。

第三代的女兒接棒兩角銀，而女婿陳永和其實和冬瓜茶也有淵源。義豐冬瓜廠創始人的母親是陳永和先生的姑姑陳溫，他小時候還常拜訪義豐喝冬瓜茶。陳先生當兵是蔣經國總統旁的憲兵，然而服役期間遭受不公平待遇，一個巴掌就此使他失聰，退伍後身體不適常跑廟宇問事，巧遇丈母娘而認識太太，締結了和冬瓜茶解不開的姻緣。

直到某天陳先生因緣際會買了義豐冬瓜茶回家，岳父母告知其實他們是老店「兩角銀」的後代，讓他升起接棒老字號的念頭。之後自太太娘家習得古法釀製的祕方，經過十年研發，民國八十八年和太太於民族路和海安路口開始擺攤，媒體廣爲報導下也讓攤位出現排隊人潮，可惜因造成承租攤位給兩角銀的店家困擾被迫搬離，只經營一年就草草收攤，連續找了十多處地點，直到神明指示天后宮旁的地點最好，才就此拍板。

其實陳先生總訝異這條人潮不多的小巷怎會有客人上門，連鄰居都不看好他的店，結果造成轟動，美食節目都爭相報導，排隊人潮彷彿當年「兩角銀」盛況再現。穩當經營九年後不巧遇到房東討屋，兩角銀被迫二次遷移，搬到安平運河旁，後因老客人蜂擁而來的關注與建議，最後才買下現址；夫妻倆也將店面裝潢得古意十足，現在只要路經天后宮，有時候都可以看到正在熬煮冬瓜糖的老闆，冬瓜香氣飄散在巷內角落，是延續古法製作的美味，更是傳承的惜情味。

since 1922

兩角銀冬瓜茶

台南市中西區永福路二段227巷51號
06-2216818
09:30~19:00（週二店休）

隆興亞鉛店

當年大家都有的生活器皿

亞鉛這名詞現在聽起來陌生，其實這材質輕且不易生鏽，是早年生活用品的主要材料。隆興蔡家店風樸實，店內販售的器皿價格平實，幾次帶朋友過去，每個人一聽到價格都驚訝怎麼這麼便宜，隆興從不曾因懷舊風潮起而抬高售價，幾次心裡都忍不住想著：「像這樣的老行業，真的很需要大家的支持才有傳承的能量啊。」

蔡家最早在已拆除的西門圓環經營亞鉛店，兄弟分家後，第一代蔡自然先生於民國五十一年創立了「隆興亞鉛店」，起初在海安路開店，過兩年搬遷至新美街現址。低調的隆興沒有店招，以家庭工廠的模式經營，大量製作亞鉛生活用品批發給店家販賣，完全靠口耳相傳延續家傳事業。

第二代蔡東憲老闆十九歲時，因父親早逝毅然接下亞鉛店。由於鉛桶製作過程並不輕鬆，除了要敲敲打打外，還須扭彎鉛版塑型，蔡老闆感慨如今年歲漸增，過厚的鉛片打起來備感吃力，現在只能接受六厘米以內的產品訂作；他摸了摸一頭俐落的三分頭嘆了口氣：「父親的時代是亞鉛生意全盛時期，當年還請了三、四名員工幫忙，慢慢時代不同了，機械大量生產鐵製、塑膠品等，亞鉛店陸續關門，目前府城只剩下不到三家了。」

隆興至今仍努力工作，守著黃昏事業，幾次聽到蔡老闆接受訂製的價錢時，都替他感到不捨，收費利潤太少幾乎只剩工錢，他豁達地說：「生活只要過得去就好，錢沒有那麼重要。」就是這樣的「職人特質」，讓手工製品充滿了溫度。

蔡老闆也很熱心公益，目前是義消的一員，工作時店內聽的不是廣播，而是消防的無線對講內容，如遇到需要救助的事件必定放下手邊工作協助救災。最難得的是，他們夫妻倆都非常熱情，懷抱著不讓傳統技藝消失的使命感，向他們請教亞鉛的專業問題，除了能獲得最佳的解答外，如果時間允許，他們也會當場製作解說，充當老行業最棒的解說員。所幸近年懷舊風盛行，多了些上門尋找亞鉛製品的客人，讓隆興能繼續爲傳統工藝奉獻心力。偶爾路經蔡家，常見他們全家坐在一起分工製作，兒子幫忙釘，女兒幫忙黏，讓人在傳承的感動之外，看見家人齊心的可貴。

澆水器。

水泥桶。
當垃圾桶很時尚

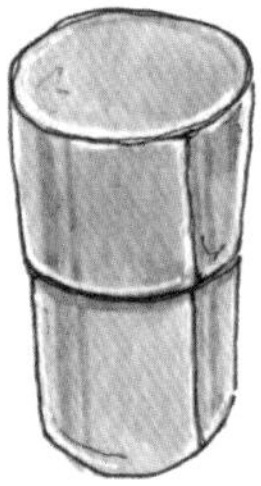
手工茶罐。

井桶。

接木棍後也是一種澆水器。

材質輕且不易生鏽的亞鉛製品，是古早人都愛用的生活用品

since 1962

隆興亞鉛店

台南市新美街148號
06-2227621
09:00~22:00（週日不定休）

金德春茶莊

唯一遵循古法烘焙的老茶行

府城有三大百年茶行，其中創立於清同治七年（1868 年）的金德春茶莊，是唯一仍遵循古法烘焙的老茶莊。當年為了讓焙茶技術更加精進，金德春曾邀請中國的焙茶師傅來台傳授技術，但為了學習這項技術，必須招待來客喝酒吃飯，師傅們一杯黃湯下肚才會開心透露私人撇步；第三代也曾遠赴中國安溪學習烘焙茶的技巧，第五代則是在雲南學習製茶技術。金德春至今都還是店家親自焙茶，也是延續百年的家族傳統。

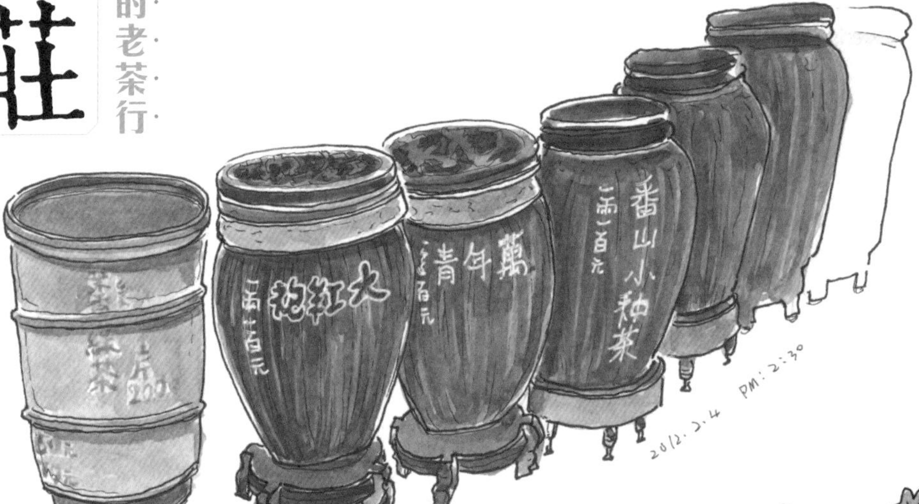

戰火下倖存，陪伴老店至今的老陶甕

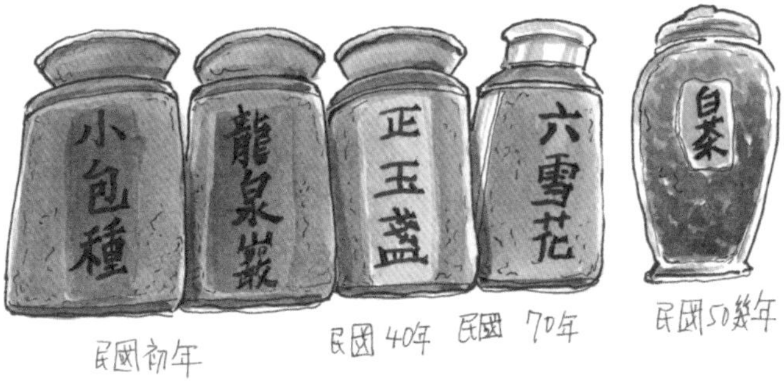

櫃上一字排開民國初年至七十年的老茶罐

來自福建永春的林孝宣是第一代老闆，道地的種茶內山人，他說：「喝自己種的茶喝久了目睭會金閃閃（意指喝久了眼睛會明亮）。」清朝時，他來到不產茶的台灣推銷家鄉茶，最後定居現址；傳承五代的林家除了在二戰期間短暫遷居鄉下躲避戰火，一百多年來一直在米街（現名爲新美街）營業。

第四代傳人林應龍回憶，早年茶莊前面賣茶葉，後面是客棧，提供來台經商的商人住宿，戰後房子重建，也結束了客棧的經營。店內的一大特色是由中國大陸運過來的大陶甕，當年商人用來盛裝帶來的貨物，貨物賣完後，就將陶甕賣給金德春。原本店內擺放有許多漂亮的綠色大陶甕，不過在中日戰爭時美軍轟炸台灣，引發大火燒毀一整排的木屋，也壓垮了那些陶甕；現在從門口排到屋內僅存的陶甕，當年其實是擺放在後院任憑風曬雨淋的，沒想到卻因此躲過一劫，從此陪伴老店至今。

陶甕當年用來盛裝物品，現在是金德春儲放茶葉的容器，同樣擺放在櫃上一字排開的是各時期有著悠久歷史的老茶罐，年代橫跨民國初年至七十年。金德春用茶罐記錄了茶莊的歷史，焙茶的香氣堆疊出茶韻愈陳愈香的歷程，也和百年老陶甕相呼應，走入這家百年老店彷彿進入茶罐展覽館，金德春成爲老街上儲存茶歷史的生活博物館。

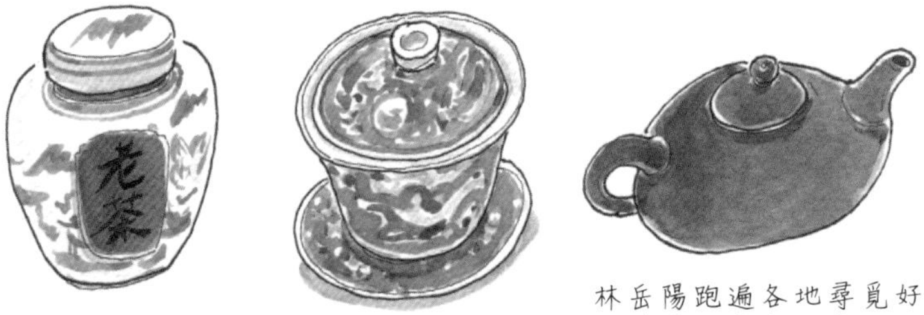

林岳陽跑遍各地尋覓好茶、
好茶具於店內販售

林老闆非常有美學涵養，店內茶桶上的毛筆字都是他的作品，一進門的前兩個陶甕，木質甕蓋的雕刻也是他的大作，他還會在店內販售的茶具上，在紅紙上寫上茶名增添古意；第五代林岳陽遺傳到老爸的藝術天分，擺放茶具的木架是他手工製作的，店內的石板地也是他多年前一手打造，當時還特地到中國挑選花崗岩（每片重達三十三公斤，七公分厚）親手施工完成；林岳陽除了學習經營老店，二十多年來也跑遍中國，尋遍各地好茶、茶具擺放店內展示銷售。

金德春烘焙好茶也孕育藝術之美，兩代用心延續茶莊文化；期盼他們以家傳的製茶技術，烘焙出百年獨特茶香，入口甘潤的好味，讓古巷持續飄散芬芳的茶韻。

第四代林應龍設計的名片

since 1868

金德春茶莊

台南市新美街109號
06-2284682
09:00~20:00（全年無休）

開基武廟
（市定古蹟）（小關帝廟）

創立於明永曆二十三年（1669年）的開基武廟，是台灣最早的關帝廟。建築格局雖小，但三川門、拜殿到正殿都具備，香火繚繞，信徒眾多，原正殿目前爲台南市定古蹟。

由於廟地狹窄，馬使爺及虎爺被供奉在三川殿右側的小神龕中，廟門上用木製門釘取代門神，門釘只有在奉旨祀典的廟宇或文武廟才能看到；開基武廟俗稱「小關帝廟」，是爲了和有祀典武廟之稱的「大關帝廟」有所區別，清代時期廟前巷內還有相士開館擺攤算命，往來商旅求籤問卜者絡繹不絕，所以這一帶又被稱爲「抽籤巷」。

我站在廟門前寫生，香煙裊裊的畫面令人心境平和，看著信眾閉眼虔誠膜拜，表達敬天的心意，祈求平安外也是心靈上的寄托。來廟裡拜拜，是台灣民俗生活的溫暖畫面，散步老街時不妨到古廟走走，舉香或雙手合十參拜，爲家人或自己祈求健康幸福吧。

ⓘInfo
台南市新美街114號
07:00~21:00
since 1669

泉興榻榻米

一針一線縫出的時代情誼

榻榻米在日據時期傳入台灣，當年主要是提供給住在台灣的日本人使用，之後冬暖夏涼的榻榻米逐漸普及成民生用品，風光數十年的歲月，直到彈簧床出現後需求量才慢慢遞減。不過近幾年台南吹起的老屋風，也讓榻榻米這樣懷舊的日本傳統技藝再度為大眾所注意。

日據時期台灣對榻榻米需求量大，當時榻榻米師傅收入優渥，將近是警察的三倍月薪，剛好在台開榻榻米店的日本岡田師傅正在徵求學徒，因緣際會下，來自佳里的李金水就這樣成爲了榻榻米學徒，而這一入行就是七十年光陰。李阿公如今已高齡八十七歲，第二代沒有繼承家業，反倒是曾在中國讀書的孫子李宗勳，回台退伍後對製作榻榻米產生興趣，一邊就近照顧年邁的阿公，也成爲阿公的徒弟。當年的李阿公跟著師傅學了三年四個月才出師，榻榻米的全盛時期還曾收過三位徒弟，不過市場萎縮，老行業實在很難生存，更甭說傳承了，阿公感嘆還好有孫子接手，讓他超過一甲子的好功夫得以延續。

受過傷的阿公目前已無法再從事榻榻米製作，但他每天還是坐鎮店門口，除了和老鄰居聊天打發時間，同時也是孫子的專業顧問。二十八歲的小老闆李宗勳性格獨立，年紀輕輕就一手扛起這家榻榻米老店，令人敬佩，當忙不過來時，也會找六十年經驗的沈混泉老師傅協助製作。我還記得在店內寫生時，聽著他們兩人專注討論著如何改善技術和材料，阿公和沈師傅將技術傳承給李宗勳，而他進一步思考改良榻榻米製作的新方式，老經驗加入新觀念，融合再改進後，傳承與延續的心意讓手作產品更有溫度。沈師傅已於今年退休，目前是李宗勳和未婚妻齊心打拚榻榻米事業。

小老闆侃侃談著榻榻米的好處，使用天然材質稻草的榻榻米，使用上只要注意保持乾燥，稻草透氣的特性可保持夏日涼爽，冬季還具保溫的功能，同時會散發淡淡的草香，讓人一夜好眠。

一小時可完成的榻榻米，是百年技藝的呈現，以及爺孫橫跨時代的情感聯繫，如同縫製榻榻米的手法，一針一線緊密串連了彼此，在府城留下台灣百工溫馨的故事。

since 1947

泉興榻榻米

台南市新美街46號
06-2225227
08:00~21:00（週日不定休）

恭仔意麵（老恭意麵）

最平價的高檔美食

什麼！一顆魚翅水餃要價一百五十元！這個價格也太嚇人了，難得來到恭仔意麵的我心想，不管是店家的噱頭或真是美味無比的珍品，總是吃了才知道；基於好奇，我試點了一顆嚐鮮，嗯真的，尺寸比一般水餃大上整整半倍，慢慢切成四等分品嚐，一副把水餃當成高級料理的模樣自己都覺得有點滑稽，不過一嚐到飽吸肉汁的鮮美魚翅，還是露出了滿足的笑容。

路邊攤起家的恭仔意麵，自民國三十八年開始營業，店名「恭仔」是第一代老闆張明恭的暱稱；第二代張榮輝接手也已經超過二十年了。老店菜單上除了創店既有的口味之外，張大哥也在六、七年前開始研發特色水餃，爲老店增添美味選擇。儘管這只是巷弄內的店家，卻是府城遠近馳名的小吃老店，用餐環境一般，不過仔細一看牆上的價目表，赫然發現這裡除了有平價的麵攤料理，竟然還有魚翅盅湯、雞燉豬肚盅湯這些高價的餐點，每每令客人滿腹疑惑！透過張老闆解釋才了解，原來這是他向港式料理的師傅請藝學來的口味，讓許多饕客在小吃攤也能吃到大餐廳才有的高級料理。

髮型相當性格的張大哥大力推薦的是豬肝湯，也是店內的人氣小吃，豬肝切成薄片汆燙起鍋，口感鮮脆而不過柴，的確值得試試；招牌意麵以淺盤盛裝，乍看像台南擔仔麵，一尾紅蝦配上幾片肉片，點綴上綠色葉菜，尤其淋上不油膩的家傳肉燥、蒜末和沙茶，輕拌後上桌香味四溢。

不過擁有許多慕名而來客人的恭仔，每逢用餐時間都得花些時間等待，想吃美味眞的要有耐心啊。寫生的時候發現店內擺放著印上「我愛1984 世運會」字樣的筷子，一問才知道，原來當年老闆要採購筷子時找不到適合的款式，只剩下一批世運會的紀念筷，沒想到一用之後竟成爲店內的特色用品，想想這批筷子也是老東西了，老店配老器皿，還眞適合呢。

since 1949

恭仔意麵

台南市中西區新美街 28 號
06-2217506
11:00~23:00

※ 恭仔意麵有兩個店名，「恭仔意麵」是第一代父親創立，「老恭意麵」是兒子註冊的。

大嶺頭

（屎山頂）

昔日爲船隻集聚停泊的帆寮港，位在五條港最南側。清領時期因來往商旅船隻眾多，而當時廁所並不普遍，不少船員會就近直接在大嶺頭方便，久而久之就有了「屎山頂」的稱號（清領時期的「大嶺頭」又名「暗巷」、「屎山頂」，當地居民則稱爲「無尾巷」）。

沿著商務旅館旁的小巷走上屎山頂，巷內如羊腸小徑，十分曲折，相傳台南三郊之一的糖郊商人李勝興宅邸就坐落此處，可惜滄海桑田，目前已經找不到這座富商宅邸了；接著是轉角的高點，當年明鄭時期還可以在這裡俯瞰舟影點點的台江內海呢！接著進入下坡，盡頭處就是西門路，望過去車水馬龍。隨著海港生活逐漸從府城人的記憶中淡去，那些由千艘商船航出的當年繁華，似乎也已淹沒在歷史的洪流當中。

ⓘInfo
台南市新美街39號旁

洪芋頭担仔麵

府城度小月創始店

走進店家，就能看見盞盞紅燈籠迎客的熱情，洪芋頭担仔麵保留往日「担仔麵」挑竹擔沿街叫賣的風情，使用矮凳讓攤位流動方便，低矮桌子和小木椅的復古風情，讓不少用餐客人備感親切。

頭
芋
創始人 洪芋頭
洪芋頭担仔麵

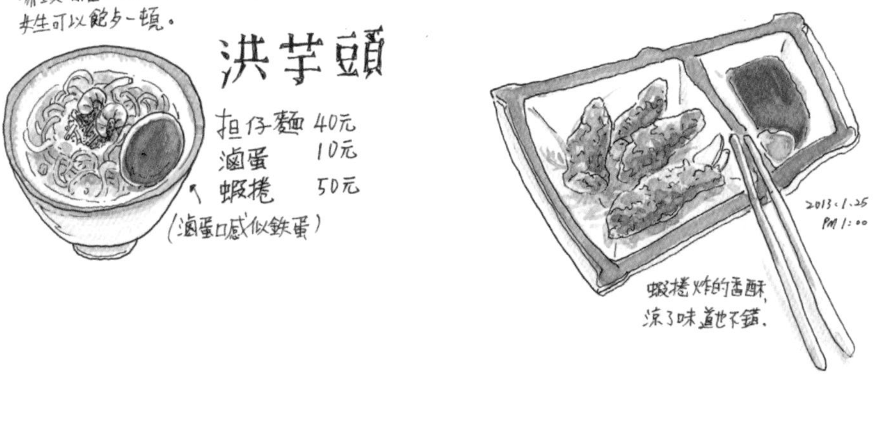
湯頭滿是肉燥香，一碗小的
女生可以飽多一頓。
洪芋頭
担仔麵 40元
滷蛋 10元
蝦捲 50元
(滷蛋口感似鐵蛋)
2013.1.25
PM 1:00
蝦捲炸的香酥，
涼了味道也不錯。

清領末期，洪芋頭先生在台南、安平間靠渡船維生，清明到中秋時節多颱多雨，渡船時會有翻覆的危險，導致生意清淡（台語俗稱此期間爲「小月」），爲了生計和度過小月，他挑著擔子沿街叫賣，販售獨創的甜蝦湯頭加上特製肉燥香的担仔麵，之後固定在水仙宮前擺攤，由於攤前燈籠上寫著「度小月」三字，「度小月」慢慢成爲店名。如今口味獨特的担仔麵已成爲台南代表美食之一，洪芋頭將秘方傳給兩個兒子，長子在西門路開店，次子的店則是在中正路，兩家都以度小月後代傳承。

洪芋頭於 1895 年（清光緒二十一年）創立的担仔麵，長子脈系傳承至今已一百一十八年，現由第三代媳婦吳佳芬與第四代兩位女兒接棒經營，洪家三母女繼承百年老店基業，第四代的姊姊洪佩吟負責店面招呼和文宣廣告，店內的各種插畫都是她精心繪製的作品，妹妹洪怡如專研物料，在食材遵循傳統的現代化理念下，成立肉燥罐頭工廠，生產獨門肉燥醬。年輕人導入新觀念來經營百年老店，利用網路、宅配等行銷宣傳，以娘子軍的魄力將洪芋頭担仔麵發揚光大，邁向企業化經營，也讓這股好味道能飄香在更多人的口中。

面帶笑容令人備感親切的洪佩吟，總是忙進忙出在櫃台服務顧客，她說：「店內煮麵的老師傅和員工都已待二十年以上，感謝他們在父親離開後，能繼續協助老字號延續傳統味。」老師傅們坐在矮凳上，經驗老道地控制火候、展現累積多年的眞功夫，煮出一碗碗深具時代故事的担仔麵；担仔麵之外，招牌魯蛋口感似鐵蛋，入口香 Q 富嚼勁，蝦捲內有整尾的蝦仁和增加鮮味的蝦泥，現炸上桌時蝦味濃郁，冷了口感也不錯，確實是在食材上用心經營的老字號。

担仔麵傳承了府城百年文化與懷舊的滋味，古早味流傳在人們的味蕾，一碗碗香味撲鼻的在地小吃，讓人品歷史味，也一嚐傳承的心意。

since 1895

洪芋頭担仔麵

台南市中西區西門路二段 273 號
06-2253505
10:00~22:00（全年無休）

宮後街冰攤

一早就開賣的立食冰店

這家路邊攤冰店已默默傳承三代，在風曬雨淋中超過七十年的歲月。第三代老闆黃武雄看起來嚴肅不愛笑，其實人很親切，看我站著寫生，還拿了張椅子給我坐，百忙中不時和我閒聊。談起早年的冰攤，黃大哥說：「第一代的阿嬤為了生計擺攤，不過沒有擺很久，父親黃連慶接棒後開始在民權路和西門路口（水果店前）擺攤，一賣就是五十五年。」歷經這麼長的時間，宮後街冰攤的傳家口味始終如一，也是這樣的古早味，留住了支持他們數十年的老客人，如今更有許多年輕人愛上這味，特別來這吃冰追憶老台南。

早在父親擺攤時期，黃大哥就是最佳的幕後功臣，他負責製作耗時的現做產品，清早四點半就開始一日的忙碌，正統手洗愛玉、熬製費時費力的粉粿、嫩滑香醇的杏仁豆腐和富彈性的粉圓，也就是這幾樣地道的甜品，牢牢抓住府城饕客挑剔的嘴巴。黃大哥至今也接棒十多年了，兒子目前正在學習像他早年那樣的備料工作，就像當年他協助父親那樣，先學會掌握物料製作，再學習與客人的應對。

一大早就開始賣冰的行業其來有自，由於夏季炎熱，常讓清晨就早起工作的人們忙到汗流浹背，所以才會出現清早賣冰的攤販，聽來備感趣味，在冷氣還不普遍的年代，吃冰也是工作時不可或缺的消暑之道。我隨口問老闆娘冰攤有店號嗎？她幽默地回我：「無名氏冰店」，想想只有一張椅子的小攤販，現場只能站著吃，有點類似日本的立食；只見有戴安全帽的騎士捧著碗吃，有的借坐在摩托車上大口地吃，更多人則是端著碗站在攤車旁吃，各種「內用」模式都有，足見老冰品的魅力。推薦店家自製的超Q粉粿，淋上糖汁包品嚐，是消暑的最佳聖品。

每日清晨六點半左右開始營業，夏天時客人絡繹不絕，大約十點就賣完收攤，有一次看到特地搭計程車慕名而來的遊客，可惜當時老闆已收拾完畢正要回家，看著一臉失望的遊客，當下似乎能體會這裡是晚來就讓你飲恨的「無名氏冰店」。

since 1943

宮後街冰攤

台南市西門路二段275號旁，
金格蛋糕旁巷口

07:00~12:00（不定休，售完為止）

錦源榮喜幛

早年新人最愛的結婚賀禮

喜幛在傳統行業中，是一種結合節慶味道與文字之美的藝術，同時還結合了書法的禪意與剪紙功力，從事這個行業的職人，幾乎人人可寫一手好字。

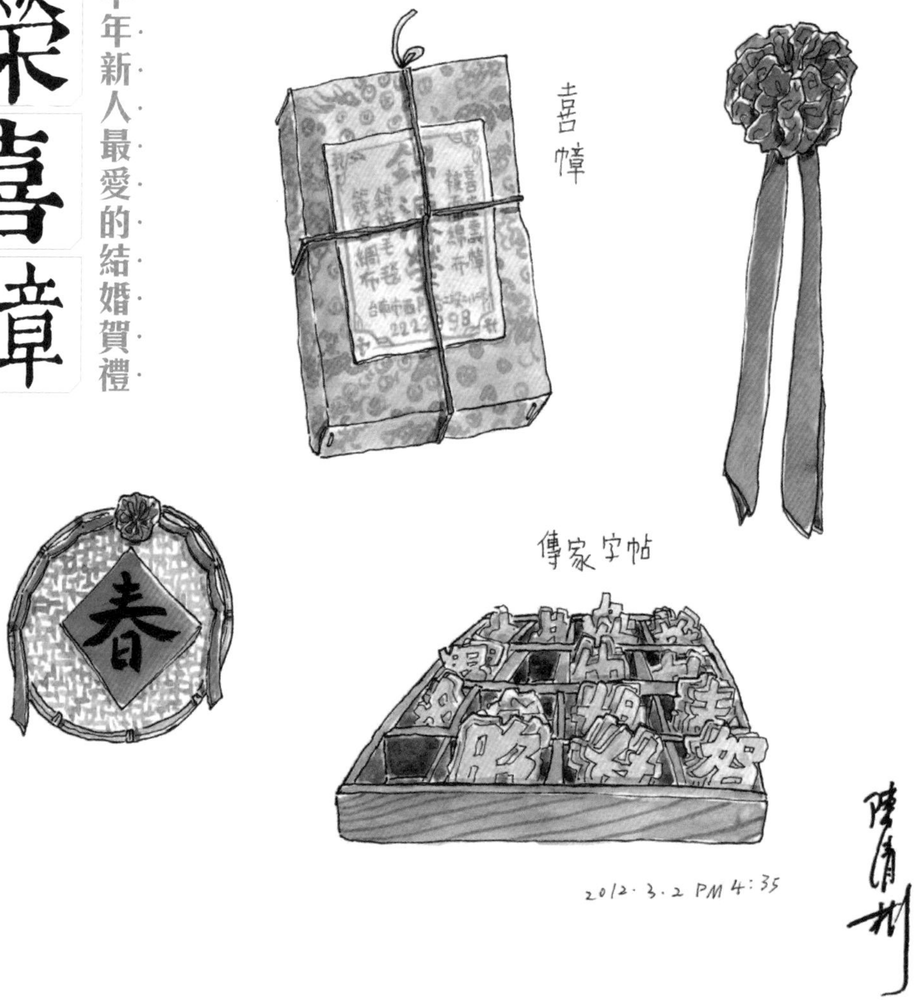

早年布莊時期的舊照片，攝於1972年

喜幛上別著象徵富貴的金字，我好奇地問老闆要如何剪出那樣漂亮的金字，第三代陳清彬大哥隨手拿起一疊金澄澄的厚紙片，用釘書機固定四角，接著自「字庫」中找出字體，一個一個步驟慢慢示範給我看。陳大哥說這些字大多是已過世的父親親手製作的，早年家中的字版都是用厚厚的舊喜帖製成，但因紙材容易毀損，不時得再製作新字體，二十多年前父親找到這款類似割墊的材質，這才延長了字版的壽命。每個字都是第二代陳冠榮以毛筆揮毫，仔細剪下後製成的獨家字帖，陳大哥將這些自創字體歸類收納，幾乎占據了一半的牆面，每年頂多補上幾個新造字或稀有字。家傳字帖顯得格外溫暖，是用文字的力量傳世，守護著家外也撐起失落中的老產業。

具祝賀意涵的喜幛，曾是早年嫁娶必備的賀禮，在大紅綢布上別上金字，紅豔豔地掛在大廳，代表的意義是滿心祝福。然而時代變遷，專門製作喜幛布料的紡織廠一家家結束營業，陳大哥花了好些時間才找到品質好、織工漂亮的龍鳳布。如今紅色依舊象徵著喜事，可惜人們已不再重視傳統禮俗，昔日生意熱絡，每逢好日子店內總是忙進忙出，直到花店和禮品店陸續開張，加上現在的新人偏好西式婚禮，傳統喜幛被打入冷宮，客源逐年流失，陳大哥不得已之下只得找另一份工作，才能守住這家傳祖業。

錦源榮的創店號爲「撰文布莊」，創立於民國十一年，後改爲「錦源榮布莊」。「錦源榮」三字取自第二代，以姑姑、二伯和陳大哥父親三人名字中各一字組成，爲了開拓營收，營業內容從單純的布莊到後來增加喜壽帳與代客書寫等項目。目前店內以喜幛、壽帳、八仙彩、毛毯和代客揮毫爲營業項目，春節前還販售春聯應景。

我一邊寫生隨口問陳大哥：「下一代有要接棒嗎？」低著頭剪字的陳大哥頭抬也沒抬地說：「我沒把握這家店能不能撐到我退休，實在管不到孩子那一代了！」我愣愣地看著他剪字，眼也捨不得眨，很希望自己能以眼睛完整記錄這製作過程。不禁想起小時候參加的喜宴和掛滿大廳、喜氣洋洋的大紅喜幛，也許有天人們想見到掛滿喜幛的「滿堂紅」婚禮，只能在老相片中尋找了。

since 1922

錦源榮喜幛

台南市中西區西門路二段283號
06-2223998．2286640
09:30~21:00（週日休）

剪金紙步驟

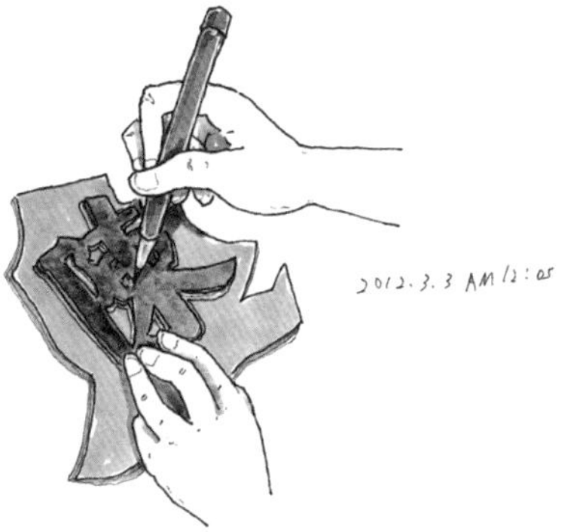

1.字板描字型

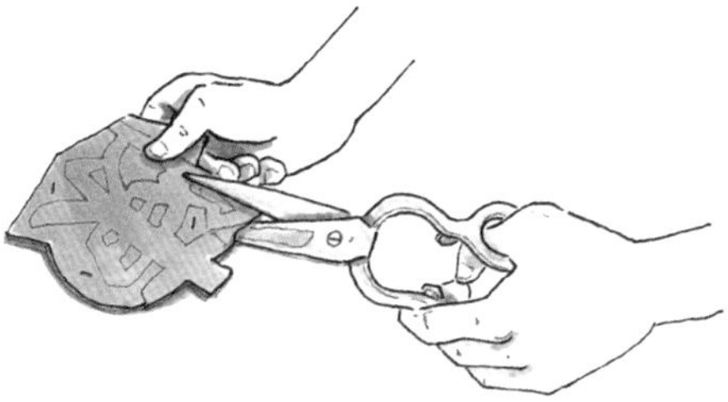

2.訂上訂書針後剪下

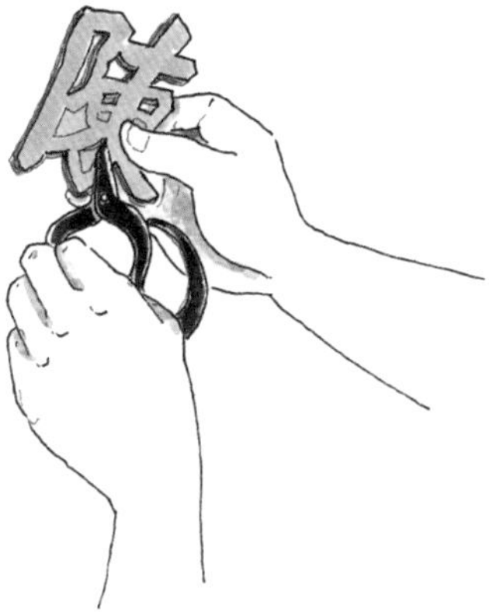

3.用小剪刀先挖洞再剪下字體細部

4.完成「金字」

美豐工業原料行

不退流行的生活智慧

約四坪大的店面，高至天花板的深色木櫃占滿三面牆，架上整齊擺放著瓶瓶罐罐和一包包袋裝產品，乍看像是一家傳統的雜貨店，不過這裡賣的不是糖果飲料，而是各式各樣的工業原料，這裡是府城歷史悠久的美豐工業原料行。

第一代的何錦船阿嬤已高齡九十，自年輕開始就是講究衣著品味、充滿自信的新時代女性。阿嬤的父親在日據時代經營「德利商號」，是販賣大宗生意爲主的工業原料商，身爲商賈之女的背景讓阿嬤在做生意上駕輕就熟，也讓她成爲四〇年代台灣罕見的獨立創業女性。

五層樓高的建築是阿嬤當年自己監工建造的，店內木櫃是她自己採買木料後請師傅打造的，辦公木桌是開店時弟弟送的賀禮，惜物的她已在木桌後方坐上一甲子，桌子如有損壞寧可修修補補也捨不得換新的，店內風貌彷彿在五十年前就已靜止，唯一改變的似乎只有由黑髮轉白髮，如今兒孫滿堂的阿嬤。

身體硬朗的她，每天一大早和午睡後會守在店內，等著服務多年來支持的老客人們；大孫女葉盈伶目前和阿嬤一起住，曾任餐飲服務業的她臉上總堆滿了笑容，更以餐飲管理的方式協助老店經營電子化，現階段她和妹妹羿伶兩人齊心照顧家傳老店，甜美客氣的態度讓客人備感親切，兩姐妹更將服務拓展至網路銷售，增加老店的曝光度。

外行人的我忍不住提問：「工業原料主要銷售哪些產品呢？」兩姊妹笑著回答：「從家庭用清潔用品、食品添加物、肥皂製作原料等等相當多，我們全都有賣。」網路上盛傳的清潔妙招小蘇打、檸檬胺就是它們的長銷商品，我原本以爲店面不大應是以零售爲主，原來美豐另有倉庫可屯貨，也提供大宗訂購。

除了第二代女婿葉棖峰之外，美豐可以說是女人當家的老店。盈伶拿出阿嬤開店使用的封口機秀給我看，表示她們目前小包裝產品還是用這台老古董封口；她又翻出一架奇怪的機器問我：「有看過古早的電風扇嗎？」原來這台陽春型的風扇是阿嬤買的拆船貨（自船上面拆下的二手零件），天氣熱時她們還是會使用；從種種小細節上就可以了解美豐是守舊惜物的店家，舊時代的「珍惜」也如此傳承下來，而秉持嚴格的品質管制、和廠商業界維持良好互動的美豐，也不意外地兩度榮獲模範商店的殊榮。

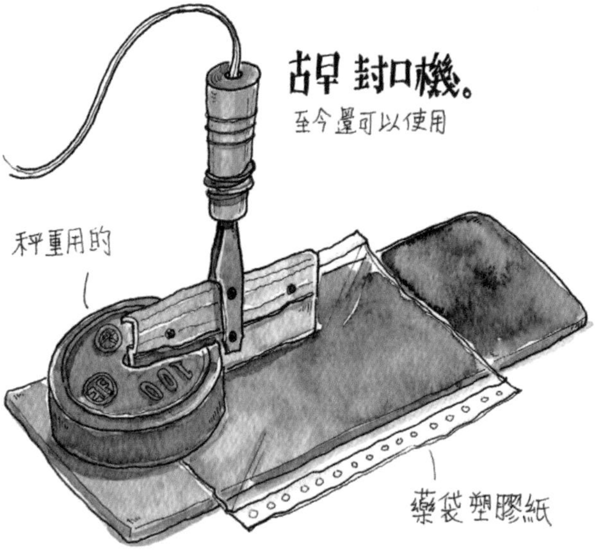

現代化機器。
封的，大的包裝才用
店內產品，用古早封口機

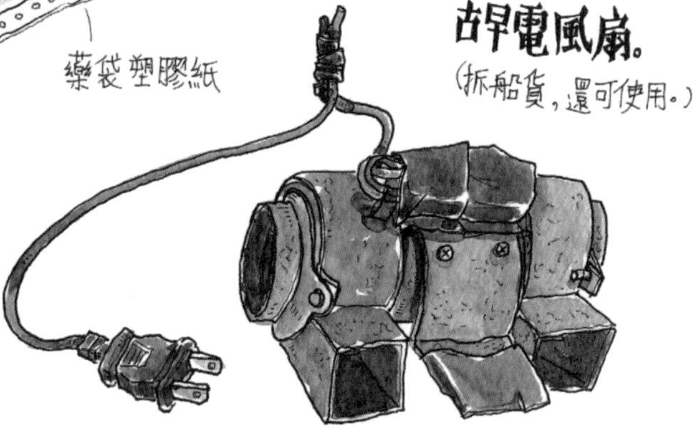

2014.10.31 PM5:00

「重曹」是日文的漢字，即碳酸氫鈉（Sodium Bicarbonate），台灣俗稱小蘇打，美豐特意將重曹兩字印於包裝上。

since 1953

美豐工業原料行

台南市中西區西門路二段278號
06-2223758
08:00~19:00（週日休）

金利號

老東西的修理站

若不是看到一扇掛在裡頭美得令人屏息的鐵花窗，我不會發現這家賣「老鑰匙」的金利號。走進店內，老闆指著地上兩個牛奶罐說：「最近偶爾會有年輕人來詢問舊鑰匙。」我眼神往下移，只見生鏽的牛奶罐內裝著各式各樣的老鑰匙，有銅有鐵，有長有短，有大有小，經過氧化變黑的老鑰匙，原本的金屬亮光已褪去，取而代之的是歲月浸潤後的陳舊色澤。

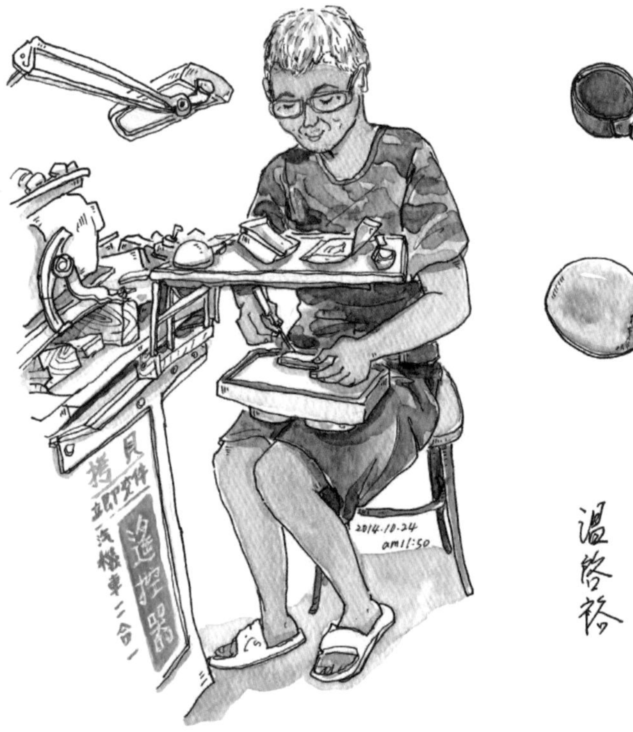

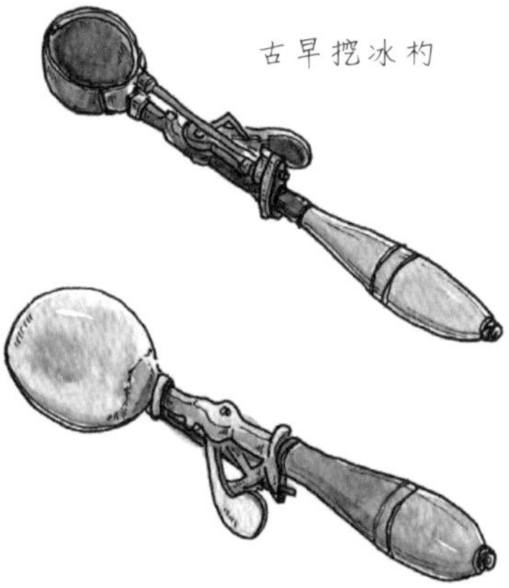

古早挖冰杓

傳承三代的「金利號」，第一代老闆溫俊森出身嘉義，小學畢業後就從事「修理業」，直到五十多年前才增加修理鎖的服務；第二代的溫啓裕是長子，自小就立定要繼承家業，台南高工畢業後十八歲就學習家傳行業，二十八歲接手至今已經三十六個年頭；第三代的溫崇良也不同於時下年輕人，年紀輕輕已循著父親的傳承腳步，十八歲就已投入家傳事業。

專精在「修理」領域的金利號，「鑰匙」僅是附設的服務項目；溫啓裕大哥說他們家最早開在永樂路（現民族路）上，六十年前搬到現址隔壁經營，三十年前才遷到現址營業至今。金利號是西門路上最長壽的店家之一，早年生意興盛，第一代就收了四到五名學徒，由於第一代老闆對機具很有概念，發明了第一台半自動的電動鑰匙機，到現在還經常使用；而金利號也製作許多挖冰杓販售，是當年台南唯一販賣挖冰杓的店家，早年賣芋冰的攤販幾乎都是金利號的客戶。溫大哥邊聊邊把各種款式的挖冰杓一一擺在我眼前，向我介紹這些器物的歷史和演變：不同尺寸功能不同，早年主要是銅製品和木頭柄，現在整把都以不鏽鋼製作而成。我把玩著舊冰杓不禁感嘆，舊款式細節上處理得相當精緻，展現舊時代的美學，如今的不鏽鋼挖冰杓反倒在大量生產下，失去了手作的細膩美感。

在店內寫生時，金利號上門的都是以修理爲主、捨不得汰舊換新的客人們。包括修理碼表（速度表）、釣具捲線器、老機車和鐵捲門，甚至要拔除鞋上釘子的客人都有！只要跟金屬相關的物品，都在他們服務範圍之類。我這才體認到「修理業」其實才是惜物精神的最佳守門員。

副業「鑰匙業」則興盛於八〇年代，溫大哥表示：「當時房地產蓬勃發展，讓鎖業需求同步增長，當時鎖行的店家也攀至高峰。」不過隨著科技時代來臨，也許某一天鑰匙就會完全被電子感應工具所取代，鎖業這行就此成爲「消失的百工」；再加上「修理業」大約在十年前開始走下坡，溫大哥感嘆：「老店的技術層面還是追不上電子化的時代。」我選了幾把老鑰匙在手中把玩，它們帶有歷史的風霜卻開不了歲月的抽屜，然而握著它們，彷彿我們也曾擁有那段被遺忘的時光。

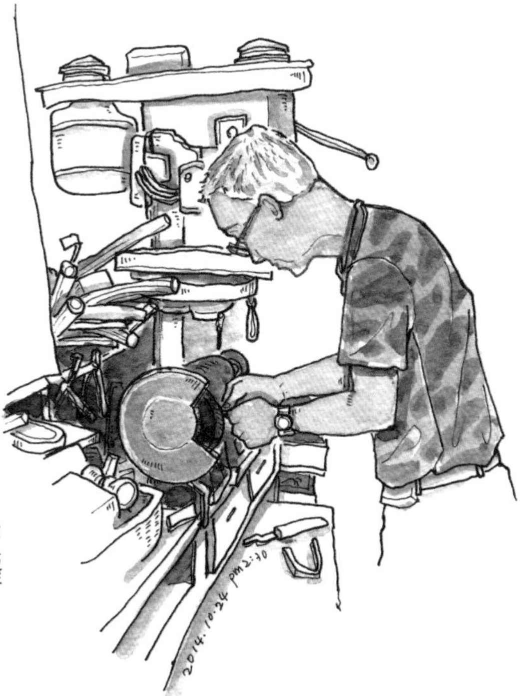

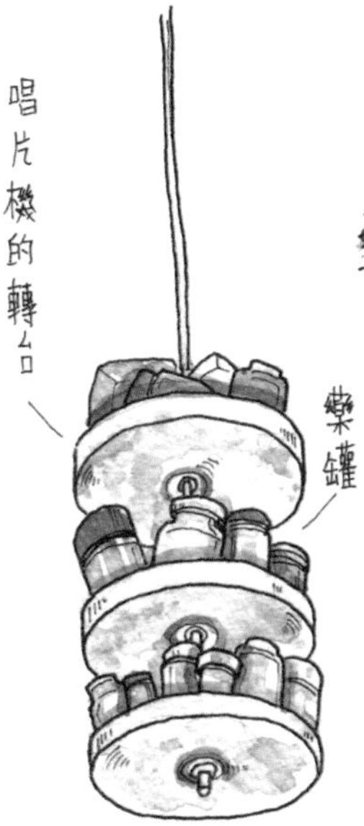

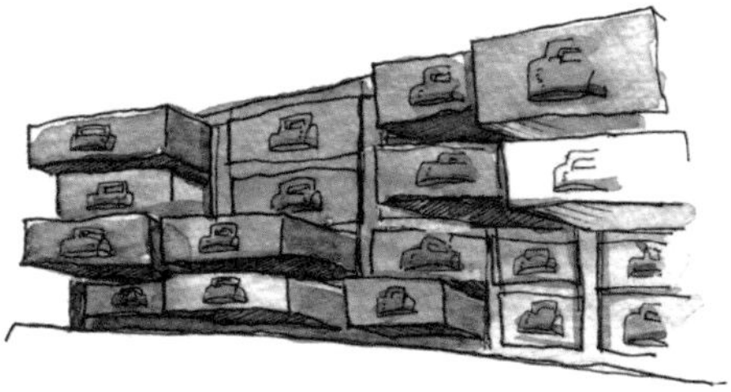

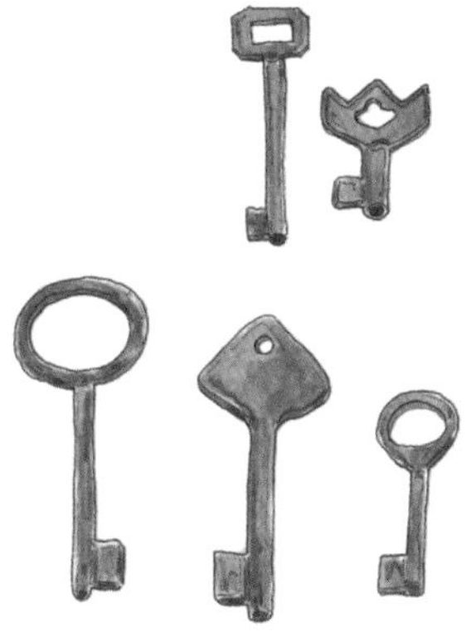

since 1944

金利號

台南市西門路二段288號
06-2235292
09:00~21:00（週日休）

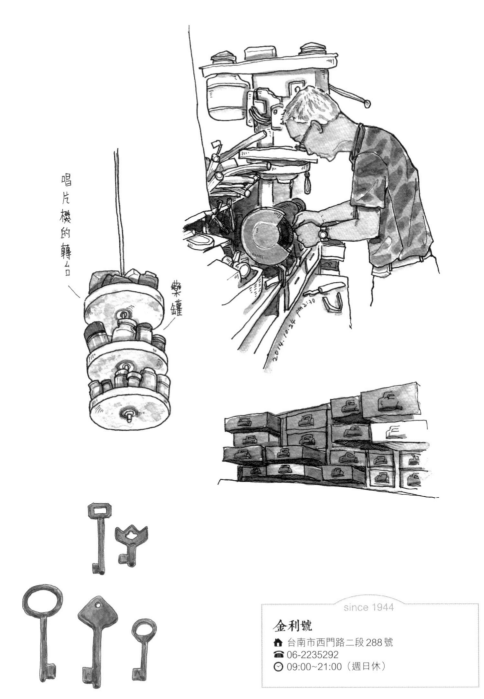

振行鞋行

古早人愛用的環保概念鞋

早年婚喪或喜慶都用得到木屐，嫁女兒也要送給新人木屐，俗話說：「穿木屐，好賺食，金銀財寶滿大廳！」就是期望新人未來大富大貴；不過喪事也需要木屐，希望亡者可以投胎到好人家。木屐又名「柴屐」，意指木頭製造的鞋子。以未經加工的天然木材製作的「木屐」，讓雙腳回歸到最原始的觸感，成為古早人愛用的環保概念鞋。

坐落在小西門圓環旁的振行鞋行，爲傳承三代的百年木屐老店。日據時期圓環周邊原有多家木屐店，民國五十到六十年間塑膠拖鞋出現後，包括振行在內，木屐店生意一落千丈，振行的營業額甚至急遽下滑超過五成，爲了生存只好兼賣各類鞋款來應付開銷。直到有次遇見一位成功大學的教授，他對第三代老闆郭守興這麼說：「工業時代演進到巔峰後，一定會再回歸傳統簡單。」並建議他單賣木屐就好，像日據時期店家那樣只賣一樣商品，專心經營好木屐這行業，郭老闆聽完在心裡放了許久。就在民國九十九年，老闆與老闆娘幾經考量後決定回歸祖父輩的經營模式，不賣他鞋，只賣木屐。

有次去拜訪，看到多雙舊木屐正進店維修，老闆笑說愛穿木屐的客人會願意送修再穿，他一邊說一邊將磨損的鞋墊拔除換上新的，並塡入木屑以修補木頭上的裂縫，一個個步驟慢慢維修，原本有損傷的鞋面又可以再度使用。和現代人的觀念不大相同，早年物品壞了幾乎都會送去修理而非丟棄，那天下午我領會了舊時代的惜物精神——來自那些惜物的客人和專注修理木屐的老闆。

郭老闆回憶，郭家祖先在清朝時買官來台定居，第一、二代都是地方官，郭家祖厝是超過兩百年的紅磚三合院，可惜因民國八十二年「台南市海安路地下街工程」計畫被迫拆除。老闆的祖父是家族第四代（木屐店第一代），當年在如今林百貨附近的木屐店學習製作木屐，第六代（木屐店第三代）的郭大哥小學下課後還得趕回家幫忙削木屐主體，他一手好功夫是祖傳的，也是自小熟稔而來的手藝。郭大哥曾經在台北工作，當時還是多家公司的負責人，大環境不景氣下幾年前返鄉重新開始，他很感謝祖傳老行業竟然幫了他，不僅替他開展新的事業，還能復興家傳技藝。慶幸的是第七代也已成爲老爹的學徒，要讓家傳事業邁向第二個百年。

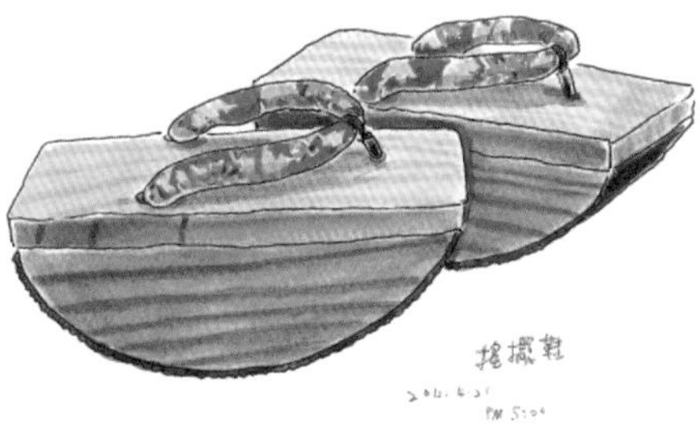

目前振行有自己的木屐主體工廠，是全台灣五家店中最大的一間，產品更已銷往全國各地，圓環這家店則是零售的店面。歷經多年打拚，振行聲名再度鵲起，不僅知名景點妖怪村下訂單，服裝設計師蔣文慈更請他們製作走秀鞋，觀光局也有許多大篇幅的百年木屐店報導……百年老店經歷不同時空，木屐產業因應時代演變，展現其魅力多變的風情，懷念木屐發出的喀喀聲嗎？振行的木屐正以懷舊之姿再現風華。

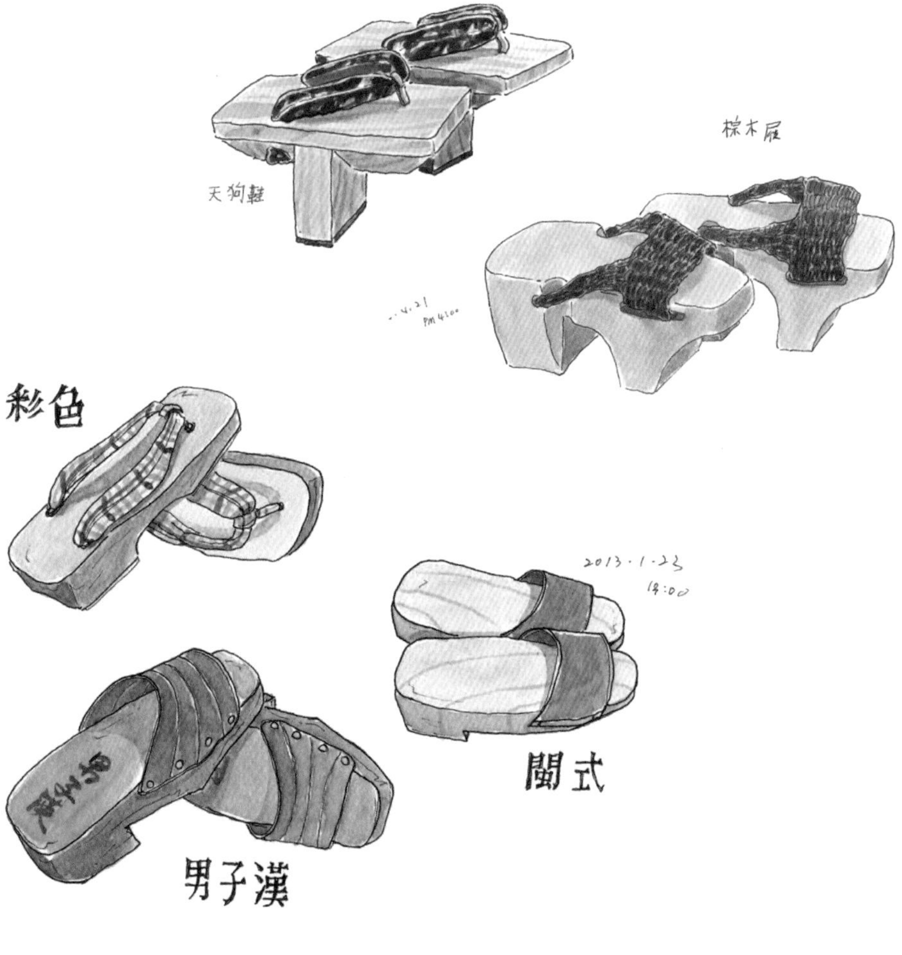

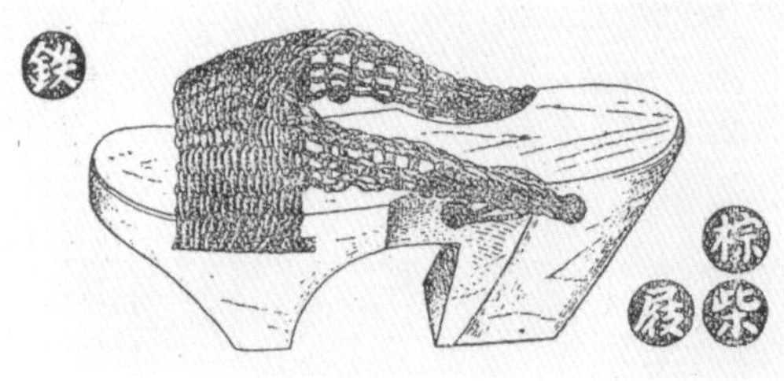

灣生畫家立石鐵成的棕屐版畫作品

當年生意受衝擊，也賣起各式鞋款的振行鞋行

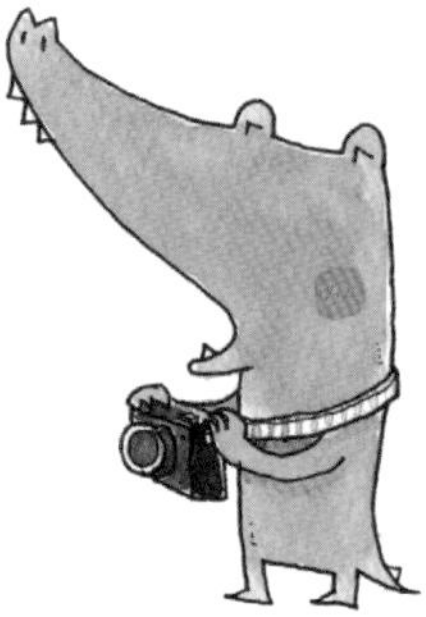

since 1901

振行鞋行

台南市西門路二段 318 號
06-2250372
09:00~21:00（週一休）

金泉成雜糧行

被時光封存的老商號

以前經過金泉成，都以為這只是一家傳統的雜貨店，直到那天下午我來到店內寫生，才徹底改觀。坐在店後方倉庫木門前寫生的我，每畫幾筆就得起身讓老闆走進倉庫取貨，沒太多時間能夠將椅子坐熱。外觀看起來像被時光封存的金泉成，還保有當年商家樸實的人情味，儘管老闆感嘆生意已大不如前，但是看著老闆招呼客人的熱情，以及零售小包裝到批發的大袋商品絡繹不絕的來客，我似乎有點懂了百年老店的生存之道。

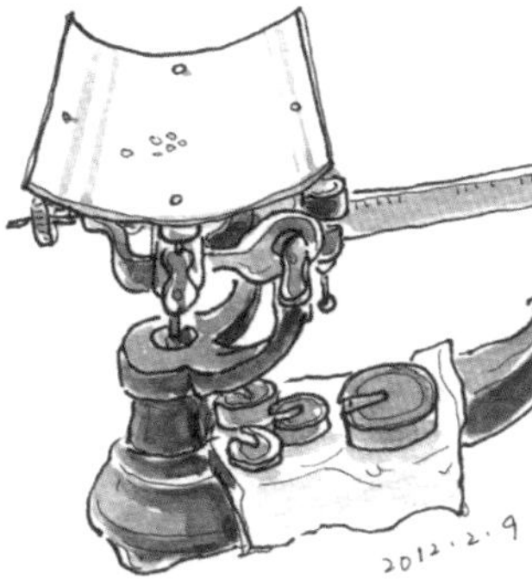

老式桌上型磅秤機

雜糧買賣時用於計測容量的升合量器

「金泉成雜糧行」由王狐先生創立，起初在新美街經營種子批發，搬遷至民族路後改販售肥料和雜糧，目前是第二代經營。第二代王家兄弟沒有分家，共同經營阿爸留下的老店，除了最小的弟弟任教職並未參與店務外，金泉成多年來由四兄弟共同守護；超過一甲子的時光，長兄退休，二哥過世，目前是由八十二歲的王錫碧和七十八歲的王東林兩兄弟經營，每天忙進忙出張羅所有事務，不過因兄弟倆年事漸高，目前店內已聘請人手協助。

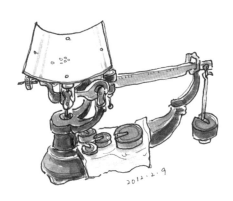

金泉成兩層樓建物是 1938 年的巴洛克式建築，相當幸運地躲過戰火，現在紅牆上還可看見飛機掃射的彈痕，可惜房子後棟已燒毀，而戰後重建時按法規增蓋可作爲防空洞的地下室，目前已成爲店家的倉庫。老招牌「金泉成」當年原本掛於店外，沒想到竟被人偷走，失落多年後，某天老闆友人看到「金泉成」的招牌赫然出現在電視上行旅節目中北埔一家民俗古董店，隨即通知老闆，這才幸運找回代表店譽的老招牌。

王老闆指著店門口那台大磅秤，這台大磅秤購於屏東糖廠，從日本進口已超過五十年歷史，而且耐用耐操，可秤上三百斤以內的物品，我好玩地站上去試秤，老秤還是相當精準！老闆表示古早的機器設計精良，儘管隨著時間變舊，但性能還是很好的；不過擺放在騎樓旁超過五十年的富士牌霸王腳踏車就沒那麼幸運了，現今已成爲許多古董腳踏車迷至寶的富士牌霸王車，當年是金泉成用來送貨的工具車，曾失竊一台，另一台的單車牌照更被人偷走，令人相當扼腕；還有一組古董級「升合量器」，用於雜糧買賣的容量計測工具，以金屬、竹、木頭三種材質製成的六個量器，容量由最小的一足、五足、一合、二合、五合到最大的一升，十足爲一合，十合爲一升，盒上還刻上「穀類用」合器字樣，量器可一層層收納，除非是熟識的人，不然老闆不會輕易展示。

「店裡的陳設數十年來沒有改變，依然維持舊貌經營。」老闆這麼對我說。站在店內，彷彿走入了黑白電影時代，半世紀的老秤、百年的升合量器、已磨到平滑的老木桌、可供收納的木箱椅、發出嘎嘎聲的舊門板、老式桌上型磅秤機、結帳使用的老算盤……這些老器物已被歲月燻上淡淡的茶褐色，是老店惜物的美麗光澤。

since 1908

金泉成雜糧行

台南市中西區民族路二段284號
06-2222093
08:30~18:00（週日休）

米街金香紙店

宗教界的百貨批發廣場

於1850年創立的「米街金香紙店」，店號由「財利」、「錦利」到「米街」，三個店號一脈相傳超過一百六十年；早期的台灣店家營業項目很單純，米店只賣米，香店只賣香，當然米街金香紙店也只賣「金紙」，後來才增加香燭、鞭炮和煙火等商品。

傳統行業也得跟上時代腳步，年輕一代的黃勤強老闆突破傳統金紙店的營業模式，將倉庫區規畫成明亮的開架式空間陳列商品，改變一般人對金紙店的刻版印象，價格公開方便客人採購；四十多年前，「米街」還必須到嘉義山區批金紙加工販售，黃老闆接棒後改變經營方針，前往中國和越南訂製金紙運回台灣銷售，慢慢由傳統

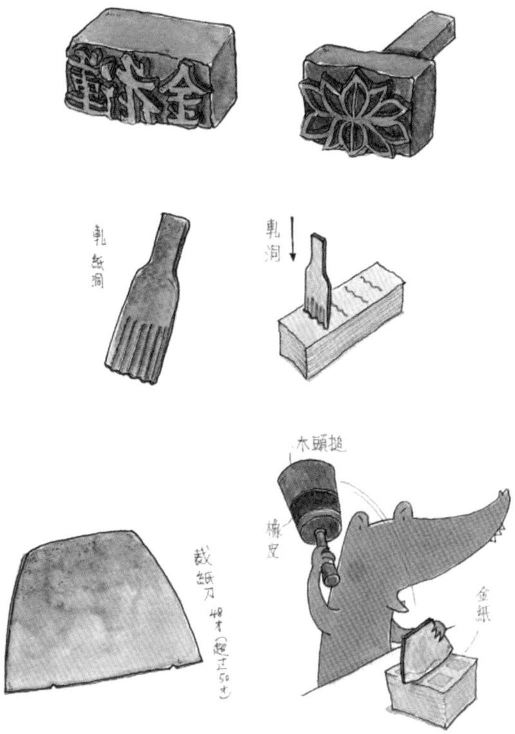

製造商轉爲代理商，進口許多宗教禮俗需要的產品，讓百年店家逐漸搖身成爲宗教百貨批發廣場，客人可一次上門買足需要的品項；幾年前，台南市的全家便利商店更與他們合作，開始在超商販售起傳統足百金紙。

百年前米街是製造金紙的店家，店內至今仍保留半世紀前的金紙製作工具，黃老闆推開玻璃櫃，眼前盡是小山般的木雕印版，以及製作金紙的老工具，還有用於裁切和軋洞等工具，最特別的是泥塑觀音與土地公，佛像背面還刻上「米街製」三字。國民政府來台後，米街改名爲新美街，因「美」的台語念法與「米」相似，加上當時規定地名不能用兩個字，所以米街改名爲新美街，但老一輩改不了口都還是稱「新美街」爲「米街」，這也是米街金紙店的店名由來，而標示了「米街」的歷史物品彷彿爲後人保留下舊時代的回憶，顯得格外珍貴。

黃老闆排行老二，兩個兄弟目前都在美國發展，只有他留在府城繼承百年家業，他盼望能用新思維來改變傳統產業，讓老行業也能跟上時代的發展。我好奇問他下一代是否願意承接這行業，黃先生笑笑指著後方的照片說，等他三歲的孩子長大後才知道。我看著相片中兩個混血面孔的可愛小男孩，想像若干年後再來拜訪，也許會見到有著歐美長相的老闆賣金紙給台灣客人，那樣的景象想必十分逗趣，而或許到那時候，傳統產業早已大步邁向國際了。

since 1850

米街金香紙店

台南市中西區新美街 147 號
06-2112260
08:00~20:00（週日休）

王泉盈紙莊

年售百萬尊替身的老紙行

走進店家時，老闆娘正在製作草人，她拿起一端綁有紅色橡皮筋的稻草，把其分成四等分代表四肢，然後用紅色膠帶黏著，接著拿剪刀修剪稻草，以糨糊貼牢紙張人頭，最後把身體部分包上符條就完成。第三代傳人王長春表示，改運驅邪的「草人」可救人也可害人，在法事上通常作為「替身」，用於延壽與改運，但如果被用於下咒害人可就糟了。老闆說他曾做草人最大做到三尺高，也做過僅十公分小的草人，這些都用於法事幫助不少人；由於紙莊販售的商品頗具特色，有回遇到一名外國遊客，對於能改運化厄的「本命」（有人形、十二生肖等，用於改運）感到新奇，最後還買來當明信片寄的趣事。

王泉盈紙莊是府城百年老店，店號「王」是姓氏，「泉」是發源自泉州，「盈」是滿的象徵。小小紙莊在新美街上並不算起眼，不過包括Discovery的瘋台灣、旅日巨星翁倩玉也曾帶日本電視台來採訪報導。由於第二代不善經營導致家道中落，排行老九的王長春最初並無接棒的打算，直到父親過世後才決定繼承祖傳事業。王老闆可說是廟宇文化的活字典，關於婚喪喜慶及宗教祭典等問題，他都能如數家珍詳盡解答，除了振興自家老店，他也同時身兼里長一職，對米街（新美街舊名）的歷史發展脈絡非常清楚。

清朝時期，發源於福建泉州的「王源順兄弟公司」是富甲一方的家族，1888年，家族擔心眾多後代爭產，於是指派王傳瑞、王年以來台發展，兩人在府城當時繁華熱絡的米街創辦了王泉盈紙莊，並以在中國經營印刷廠的經驗，將木板刻模拓印版畫技術引進台灣，當年有句俗諺「紙傢伙、鐵傢伙」，就是指王家的富裕足可與打鐵店相比擬。可惜在印刷業興起後，原本滿倉庫的版圖，不是當柴燒掉就是被收購，如今僅存數量珍稀的木刻雕版讓人追憶當年榮景。所幸老店販售宗教儀式的種類齊全，全國許多廟宇至今還是跟他們訂購，王老闆自豪地說，單單草人他每年就可以賣出百萬尊。

不過王老闆非常感慨，大環境的改變讓許多老店都得向現實低頭，所幸大女兒上班之餘會幫忙店務，也做好傳承的準備，讓人慶幸百年老店還可延續香火，繼續在府城寫下輝煌的故事。

126年 古早版畫

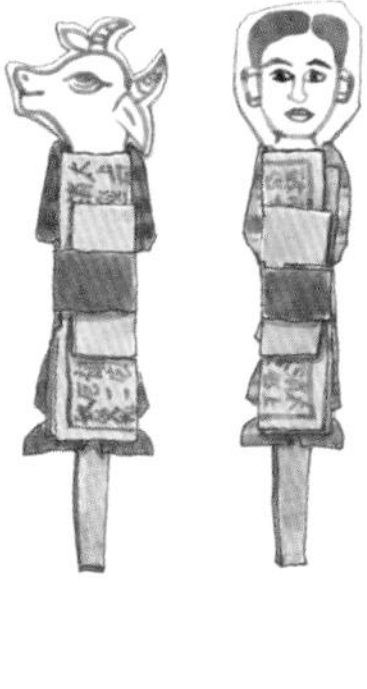

人型與十二生肖的本命，用於改運。

早印章

製作草人步驟

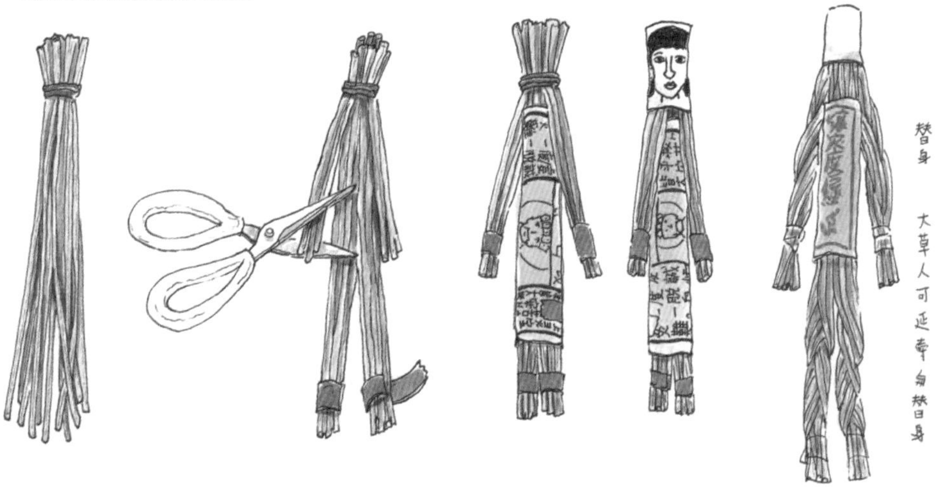

since 1888

王泉盈紙莊

台南市中西區新美街 198 號

06-2276839

08:00~21:00（全年無休）

信裕軒

古早人品茗必備茶食

一進門就被架上各式各樣的點心吸引，那些都是我們兒時最愛的零嘴，信裕軒將傳統較甜膩的口味改良後，重新包裝成更加精緻可口的人氣商品，麻荖、花生、杏仁、芝麻、南瓜子……，改以小圓球隨口單包裝吸引客人，成為府城人氣十足的佐茶美食。

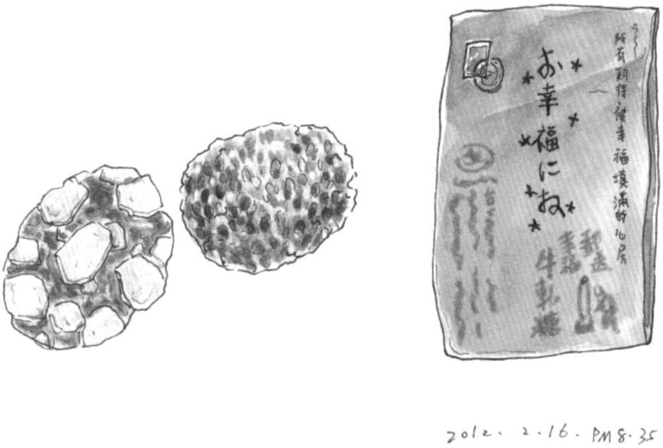

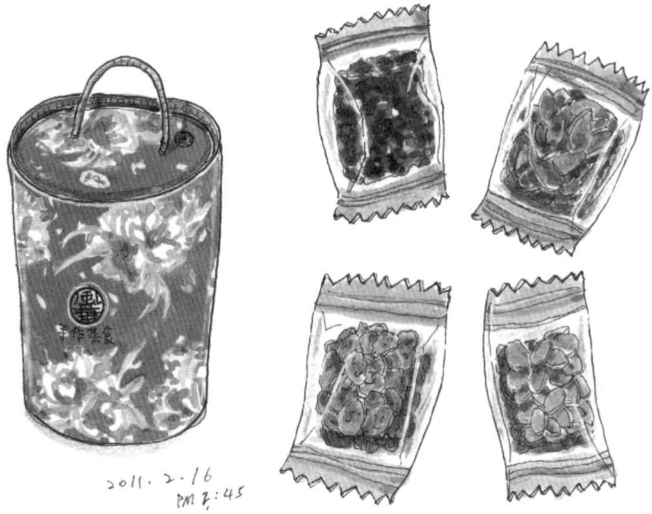

傳承百年的「信裕軒」，由林金鎮先生於日據時期大正（約1912至1925）年間創立。「老信裕餅舖」位於「台南州新豐郡永康庄蜈蜞潭四一四番地」，聲名遠播到連設計總督府（今總統府）的名匠森山松之助都聞名而來，後因戰亂物資缺乏，直到戰後才重新開張營業。第二代以「信裕食品商行」正式登記爲商號，以手工製作的產品銷售至雜貨店或傳統市場；第四代傳人林經堯於民國八十七年將店號改名「信裕軒」，企圖讓祖傳老行業轉型，他保留手工製餅的傳統工法，換上年輕化風格的外衣，開發一系列深具台灣印象的包裝風貌，重新打造老店形象，開拓年輕族群市場。

走過府城百年歲月，成功轉型的「信裕軒」賦予老店新風貌，充滿台灣精神的客家花布，改造成時尚的風華禮筒，傳統糕餅工廠搖身爲手作茶食的新穎店舖，在林老闆的努力下，「信裕軒」更已成爲遊訪台南必買的時髦「在地伴手禮」之一。

如果買了金德春的手工焙茶，別忘了帶些信裕軒的茶食搭配喔，品嚐府城百年的老茶和老點心，好像也彷彿能體驗古早府城人品茗的生活美學呢。

約1912~25

信裕軒

台南市中西區民族路二段389號
06-2285606
10:00~22:00

石精臼牛肉湯

台南人一早的活力來源

「台南人早上都吃牛肉湯嗎？」外縣市的朋友會這樣問我，我也很納悶為何沒吃過這麼豐盛的早點，把熱呼呼的牛肉湯當早餐呢？據說是牛肉的營養價值高很補身，以前的老台南人上工前會去吃碗牛肉湯補元氣，讓他們能保有好體力工作。這次藉由拜訪老店的機會，我也首度嘗試早上吃牛肉湯的經驗，體驗外地人眼中的「台南早餐」。

早年廣安宮廟埕前的廣場是傳統小吃的集散地，店家都會以石精臼當作店名，後因民族路夜市拆除後小吃攤分散各地，所以只要是以石精臼爲店號的商家，少說也都有三十年以上的歷史。石精臼牛肉湯於民國六十五年創業，老闆王石山並未繼承家業的粽子生意，而是開始在石精臼賣起牛肉湯，一賣就將近四十年，是台南的老字號牛肉湯之一。

店家使用新鮮的牛肉，把切成薄片的牛肉裝成一碗碗的，擺在放有冰塊的櫃中，當客人點餐後，立刻將生牛肉放進竹簍裡用高湯稍微汆燙，然後把牛肉放入碗中，接著再用竹簍舀起特製高湯倒入碗內將肉燙至半熟，不僅可保持牛肉軟嫩鮮甜的口感，帶點血的牛肉融入原本的湯頭後，湯汁色澤變成混濁的豬肝紅，一碗新鮮牛肉湯就可以上桌了！

菜單非常簡單，開店至今主要賣牛肉湯、白飯與肉燥飯三樣；第二代的王玉榮十年前開始協助父親的牛肉攤生意，第一代由凌晨開賣，第二代是下午五點到售完，分成兩個時段營業，儘管父子倆的肉源是來自不同市場，但都採用鮮度百分百的牛肉，如果是喜愛吃牛雜的人，早上七到八點是食材最齊全的時刻，直接來碗綜合牛肉湯也是不錯的選擇，晚上的選項以牛肉和牛腩爲主，當消夜剛剛好；點了餐到坐下，牛肉湯三分鐘就上桌，隨湯附上一碟薑絲醬油膏，建議先品嚐牛肉原味的鮮甜口感，然後再將肉沾著醬料一起吃，薑讓牛肉更提味！

牛肉湯上桌時我正忙著畫圖，店內的人不時會輪番來看我畫什麼，不久老闆娘忍不住走過來對我說：「小姐，要趁熱趕快吃，不然肉太熟就不好吃了！」爲了品嚐牛肉鮮度，我加快速度趕緊畫完，因爲台南的牛肉湯，就是要吃半熟帶有血色的肉片，才能嚐到牛肉的細嫩口感。一口牛肉一口精華四溢的湯頭，再配上淋上油油亮亮的肉燥後散發香氣的肉燥飯，冷颼颼的早晨喝熱熱的牛肉湯，這樣的台南早餐的確暖心也暖胃，很幸福的享受。

since 1976

石精臼牛肉湯

台南市民族路二段246號
06-2232266
凌晨 01:30~售完．17:00~售完
（週一晚到週二凌晨休）

石精臼蔡家米糕

傳承三代的竹葉香

蔡家米糕口味道地，並保留了古早生活的智慧與舊時代環保包裝，以竹葉裝米糕的外帶方式，讓米糕保留了淡淡的竹葉香氣，傳香府城數十年。

第一代的蔡茂己在嘉義看到生意不錯的油飯攤，靈機一動獲得啓發，改良傳統油飯做法，將糯米蒸熟後淋上肉燥，再搭配香菜、魚鬆、小黃瓜與花生，好吃到會讓人想一口口細細品嚐。最早在西門圓環販賣，光復後搬到石精臼（當年米街常見許多製作爲碾米用「精臼」的石頭，後將此區稱爲「石精臼」）廣安宮廟埕前做生意，後來陸續有其他店家跟進擺攤，於是集結成熱鬧一時的「石精臼小吃」。

蔡家第一代只賣米糕、四神湯，隨著顧客飲食習慣的改變，第二代陸續增加海產粥、魚皮湯、魚肚粥等多道菜色供客人選擇，第三代老闆蔡世澤說：「我們至今食材挑選與製作都是遵照阿公的傳承，讓米糕口感維持古早味。」沒錯，就是堅持傳統的味道，讓蔡家米糕三代八十七年來見證了石精臼小吃的輝煌歷史。

since 1927

石精臼蔡家米糕

🏠 台南市中西區民族路二段230號
☎ 06-2209671
🕘 09:30-02:00（全年無休）

鎮傳四神湯

父親真傳的好手藝

民國五十七年創立的鎮傳四神湯，原先在武廟前販賣，因永福路拓寬，第二代老闆張鎮奎將店面遷到民族路上營業，至今每日人潮絡繹不絕。

一碗四神湯的熬煮過程可不輕鬆，由於店家堅持好味道不賣隔夜，必須每天清早挑選當日的新鮮食材，老闆娘說只要冰凍隔夜，豬腸口感就差很多；不過處理豬腸是相當辛苦的工作，需要一條條翻面、清洗，接著在沸水中燙熟，然後再和中藥材一起熬煮三個小時，所以這裡眞的吃得到當日的新鮮好味道。也因爲重視食材品質，當肉品市場週一休市時，鎮傳也會跟著放假。

湯品首重湯頭，熬燉成濃醇的乳白高湯，入口香味四溢。老店對好味道一點也不吝嗇，不僅小腸數量給得大方，豬腸口感更是Q而不韌，好吃得讓客人也呼嚕呼嚕一口氣喝完大呼過癮；店內的香Q米腸是用蒸的，用腸衣灌出的米腸裡頭還有花生，店家會幫忙切成片，沾著醬汁吃相當美味。饞嘴的午後，別忘了來鎮傳喝一碗四神湯喔。

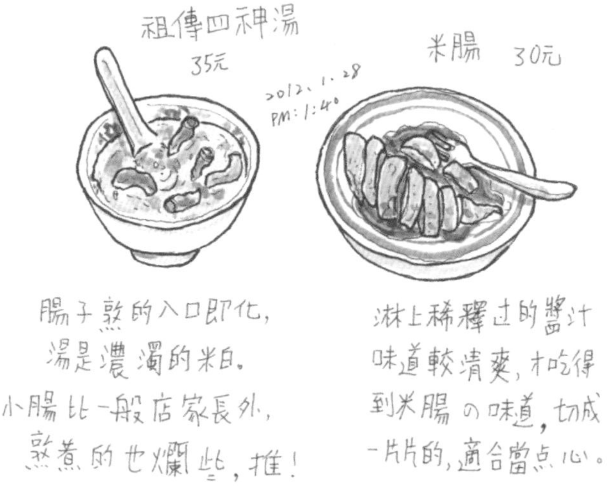

祖傳四神湯
35元
米腸 30元
2012.1.28
PM:1:40
腸子煮的入口即化，
湯是濃濁的米白。
小腸比一般店家長外，
煮煮的也爛些，推！
淋上稀釋过的醬汁
味道較清爽，才吃得
到米腸の味道，切成
一片片的，適合當点心。

since 1968

鎮傳四神湯

台南市中西區民族路二段365號
06-2209686
11:30~售完為止（週一公休）

赤崁樓
（國定古蹟）

作爲國定古蹟的赤崁樓，悠久數百年歷史在府城占有十分重要的地位。荷據時期，荷蘭人於 1653 年建立了一座具有防衛及行政功能的普羅民遮城（Provintia，荷蘭文「永恆」之意），漢人稱爲「赤崁樓」、「紅毛樓」或「番仔樓」；明鄭時期荷蘭人遭驅逐後，改普羅民遮城爲承天府治；日治時期，普羅民遮城再度被改爲陸軍衛戍醫院；民國十一年，日本人拆除大士殿重整時，發現了舊堡門，也挖掘到荷蘭砲台等殘蹟，戰後修繕爲台南市立歷史博物館；民國五十四年整修時，舊樣的木造結構被改爲鋼筋混凝土，原先出入口緊臨民宅於赤崁街上，直到二戰時期，總督府以防空爲由拆除民宅，並把出入口改到現址，民國六十三年重修爲如今的面貌。

赤崁樓從最早的荷蘭式防禦堡壘，逐漸轉變爲中式建築風貌，歷盡各時代風貌歷史演變，也讓在地人親見了一部台灣建築演變史。

文昌閣前有九座清代的御碑，是清乾隆五十三年（1788 年）褒賞福康安平定林爽文之役的記功碑，以花崗石材質，立於狀似石龜之贔屭（傳說贔屭爲龍所生的九子之一，因喜好負重而變成龜狀）背上；蓬壺書院的門廳是目前書院所殘存較具清領時期的建築風貌，也是府城僅存的兩所書院之一，値得遊覽；赤崁樓有一座年代久遠的石砌古井，傳說經由這座井的地下通道可通往安平古堡，而也因這樣的傳聞，當地多年來也流傳了許多城堡、古井與秘道的傳奇，爲赤崁樓增添更多引人入勝的有趣想像。

包括赤崁樓在內，台南目前在幾處古蹟規畫了假日夜間音樂沙龍表演，希望讓在地人及各地遊客都能放鬆欣賞府城古蹟之美，來府城旅遊放鬆之餘，還能坐擁古蹟故事，享受餘音繞樑的夜晚。

ⓘInfo
台南市中西區民族路二段 212 號
since 1653

義豐冬瓜茶

古法熬煮冬瓜露老店

坐落在武廟紅牆對面的「義豐冬瓜茶」，是手工製作傳統冬瓜糖的百年老店。義豐創立於大正元年（1912年），第三代傳人林嵩山阿公是鎮店之寶，我兩年前（2012年）拜訪林阿公時，高齡九十二歲的他仍然坐在店內招呼客人，林阿嬤則在一旁專注地包裝冬瓜露，只是後來兩夫妻身體狀況大不如前，現在要在店內遇見他們很不容易了。

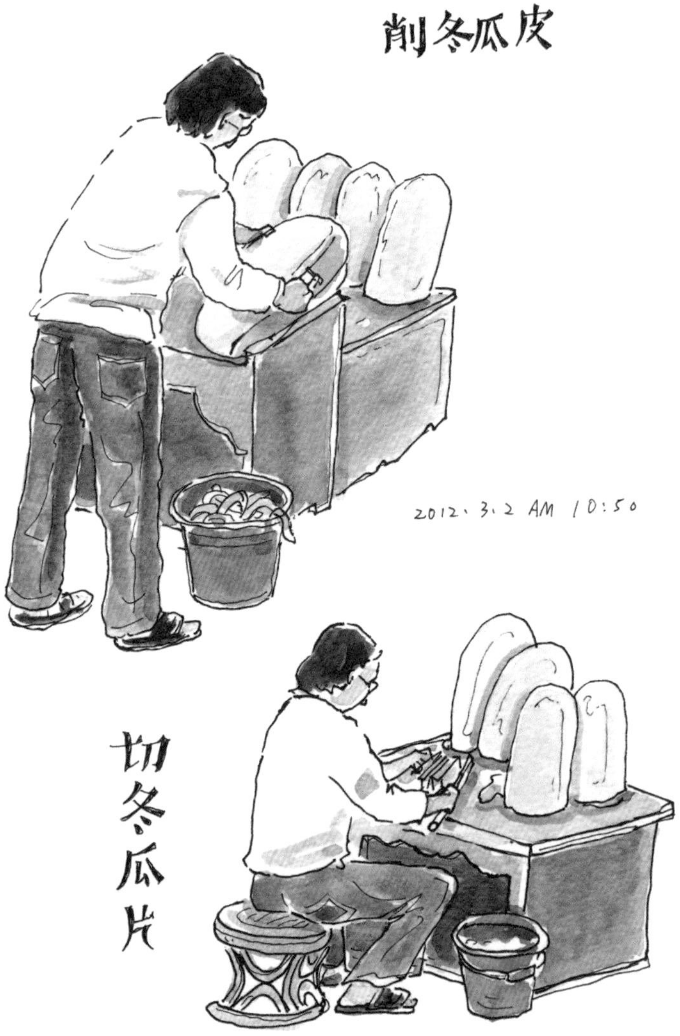

包冬瓜

林黄玉英 (87才)

裝冬瓜露

一包五塊300元
一台斤65元(約3塊)

義豐冬瓜茶第一代老闆林煌適，百年前就在祀典武廟前擺攤做起了生意，手工製作冬瓜露、冬瓜冰糖、冬瓜糖等傳統點心；林阿公說他十四歲時就做了學徒，後來太平洋戰爭爆發，爲了避免被抓去當軍伕，於是以留學的名義赴日打工，還上了貨輪去跑船，結果船被美軍擊沉後才回到台灣開消防車。大時代令人身不由己，人生因而跌宕起伏的阿公，幾度轉業後決心接下祖傳事業，這一晃眼，熬煮冬瓜糖已超過一甲子，直到八十多歲年事已高才退休。七〇年代是義豐的全盛時期，府城當時有多達十餘家古法製作冬瓜露的店家，可惜到八〇年代後逐漸沒落，最後只剩下義豐一家還持續經營。

冬瓜露（冬瓜糖塊，煮後稀釋就是冬瓜茶）製作過程相當繁複。由挑選冬瓜、冬瓜切成條狀開始，首先浸泡在食用石灰裡殺菌，清洗後放入大桶內煮沸起鍋泡冷水三次，然後放入大木桶慢慢熬煮，必須人工翻攪煮數小時，費時三天才能完成。林阿公認爲機器無法模擬古早味，經驗累積的手法也是機器學不來的，所以第五代的林宸毅依舊遵循古法熬煮冬瓜糖，仔細控制火候同時保留冬瓜香氣，才能製作出濃郁香甜的冬瓜糖啊！由於是手工製作產量相當有限，讓古法製造的冬瓜茶更顯珍貴，而對傳承的堅持，才能讓義豐延續代代相傳的冬瓜茶。

煮好的冬瓜茶喝起來香甜甘醇，無論早晚，冰涼的滑順口感令人無限滿足！除了阿公親戚在台南開的「義豐冬瓜茶」外，小兒子也頂著老店號光環打出了「義豐阿川冬瓜茶」的名號，口味自然是選用家傳的冬瓜露精製而成，如果不巧來義豐買不到每日限量的冬瓜露時，這裡的冬瓜茶也有那家傳的好滋味喔。

運氣好的話，可能有機會遇見
92 歲的鎮店之寶林嵩山阿公喔

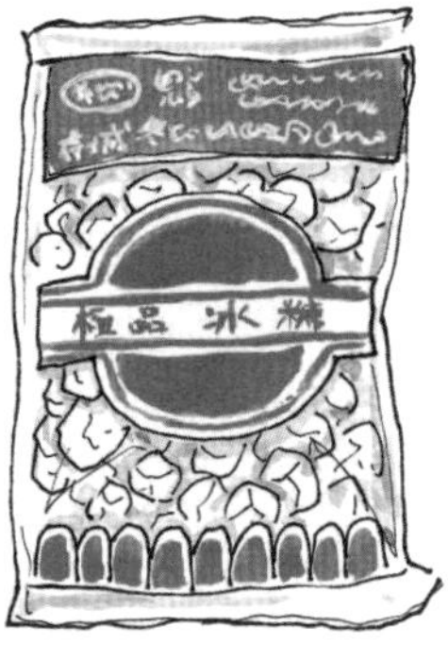

義豐冬瓜露遵循古法熬煮，每日限
量，是晚來就買不到的家傳美味

since 1912

義豐冬瓜茶

台南市中西區永福路二段 212 號
06-2223779
09:00~22:00（全年無休）

榮記號糕粉廠

逢年過節的老味道

爽朗的老闆娘和女兒，邊看店邊和我閒聊，還拿出親手製作的芝麻點心（紅圓）、鳳片糕一起享用，平易近人的親切令人備感溫馨；老店員工美華也一樣健談，邊篩綠豆粉邊和我閒話家常，看著綠豆粉塵飛滿屋外，沾滿她全身，連頭髮都有豆粉，她忙著將過篩後的綠豆粉裝袋成三十公斤一包，毫不費力地搬著粉料袋，我問不重嗎？她回我：「搬習慣就好！」

榮記號
挑擔待料宿店餡
漏夜爐火烘米急
榮記老鋪香四代
糕點傳承賴此勤
陳美華
2013. 1. 25 PM 4:05

榮記糕粉

木門裏，遵循傳統，凍結了時間；
木門外，往來遊客，劃破了那股寧靜，
那時，我才由時光切片中醒了…

榮記號糕粉廠店面是一間民國四十年蓋的老屋，打開漆成淺藍色的檜木門板，一袋袋三十公斤重的粉料堆疊得像座白色堡壘。原本位於對面武廟旁小巷的榮記，歷經兩次道路拓寬計畫，店面逐漸縮退至現址。

榮記號主要販賣糕餅、龜粿等產品，糯米粉、綠豆粉、黃豆粉、鳳片粉等食品材料也一應俱全，是傳統糕餅業的原料製造商，逢年過節，傳統糕餅需求量大時，榮記號的生意就特別興隆。林家早年不僅製作糕粉也製油，包括大豆油、棉花籽油和豆餅等都有生產，直到大型製油公司陸續出現，抵不過市場壓力，三十多年前結束了製油的生意。第四代老闆林進成自學生時代起就開始幫忙，年屆六十二歲的他當年讀的是藝術，於是到他這一代開始會從美學的角度來生產商品，同時秉持誠信傳統，採買好原料來製作天然的好產品，是保留老味道的守門員。

榮記號也做零售。拜訪數次，都遇

見許多詢問做法的客人，耐性十足的老闆和員工總不厭其煩地多番解釋，深怕客人買回家做錯。有回聊天時看到桌上有一盤米香粒，老闆娘跟我解釋米香粒可以做成米香球，由於傳統上新嫁娘在第一年的農曆六月要單獨回娘家，稱做「歇熱」（台語，避暑之意），回娘家時，婆婆要送給媳婦帶回家的伴手禮，是以麥芽糖等沾「米香粒」製成的傳統點心。有次去正好老闆娘做了鳳片粉做的捏麵人材料，她捏了一隻可愛的豬要我試吃，一嚐之下，對這樣的古早味口感深感新奇，而且用料健康，口味傳統。老闆娘笑說還有幼稚園買材料讓孩子玩造型遊戲，孩子們完成後就可以吃掉當點心，沒想到還是有趣又可吃的好教材呢！如果對於台灣節慶糕餅有任何疑問，都不要擔心全部提出來問榮記號吧，他們會熱情地和你分享很多訊息；老行業中的許多熱情店家，都是他們能持續傳承的最大動力，古早味加上老店的人情味，相信會讓愈來愈多人看見老行業的重要。

林老闆在店時間不一定，一個月只有兩天會出現在店裡，我自己倒是去了五次才見著他一面。那天上午他精心烘焙咖啡豆，焙出香氣後再細心地煮著咖啡，終日忙碌的他，或許只有那時才是他眞正享受生活的愜意時光吧。

1.先將材料放入盆內
鳳片粉
糖粉
水
2.均勻的攪拌
3.開始捏麵人

鳳片捏麵人做法：

鳳片捏麵人材料：
鳳片粉／一斤（600克）
糖粉／11兩（420克）
水／半斤（300克）

施琅老宅邸磚瓦捐孔廟

店後方原本有棟三百多年的老宅，當年是施琅住過的宅邸。我走到後巷（民族路317巷）查看老宅的位置，榮記的紅色後門就面對萬福庵的「照牆」（又稱照壁，據稱有擋煞功能），曾在書中讀到施琅曾和阮夫人（鄭成功部將阮駿之夫人，阮駿戰死，來臺孀居的阮夫人在此持齋守節）為鄰，阮夫人因痛恨施琅領清兵入台滅鄭，將大門改面對施琅宅邸方向，試圖以風水格局剋施琅，而施琅後來就建了照牆來反制。有過這段精采故事的老屋，可惜因嚴重漏水加上老屋保存不易，二十多年前就已拆除，當年拆除的舊磚瓦，林老闆全送給孔廟修建時使用，低調的他絲毫不張揚，深富歷史故事的老宅因此沒有留下照片和畫像，隨著歲月埋入歷史的一角。

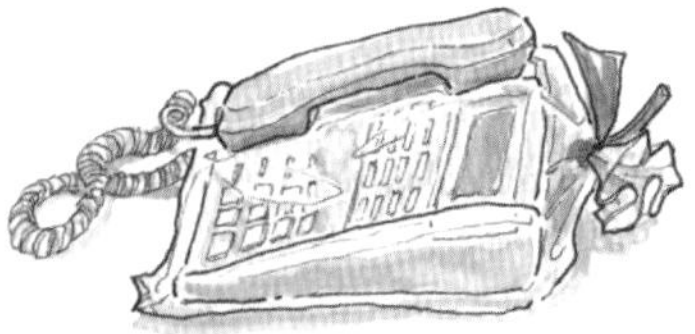

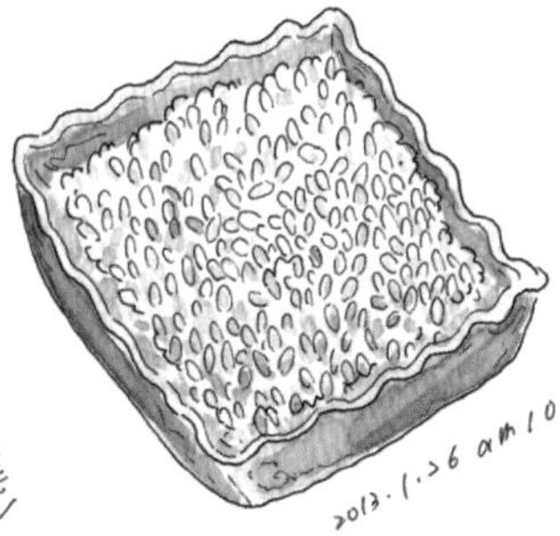

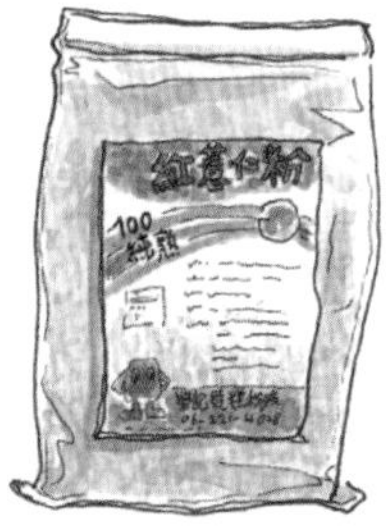

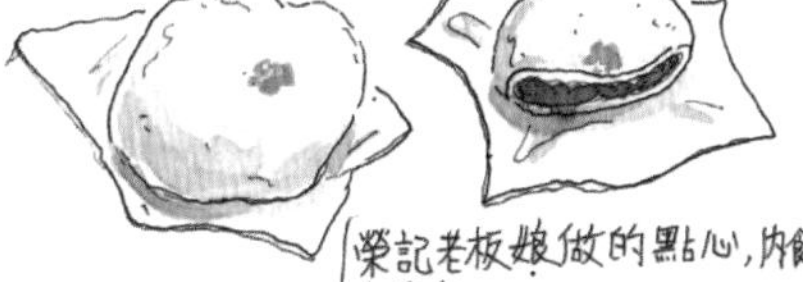

超過百年，年代不詳

榮記號糕粉廠

台南市中西區永福路二段210號
06-2214028
09:00~18:30（週日休）

東巧鴨肉羹

武廟旁的人氣老字號

剛開張時每天只能賣四隻鴨的東巧鴨肉羹，在老闆長期用心經營下，現在每天最少要備四十隻以上經篩選過的鴨子才能應付饕客需求。不過價格從最初的一碗五元到現在的五十元，價錢隨時代漲了十倍，然而迷人的鴨肉羹依舊讓齒頰留香。

東巧的原名是「清珍鴨肉羹」，因夫妻離異後拆夥，清珍店號由陳老闆沿用，搬到金華路，武廟舊店則由老闆娘紀彩瓊改名「東巧」經營。紀大姐說：「本來從事成衣業，後來研發了口味獨特的鴨肉羹，民國六十五年起在民族路和忠義路口開始擺攤賣鴨肉羹，後來移到新美街，最後落腳現址。」談起兒子已決定接下老店傳承好口味，紀大姐也感到相當欣慰。

東巧的鴨肉羹是勾芡湯頭，採用當日現殺的鴨肉，肉質新鮮富彈性，由於加入蘿蔔燉煮，湯頭變得甘甜爽口，同時可改善鴨肉粗粗乾乾的口感，還可巧妙地去除鴨肉腥味，配上切成薄薄的鴨肉片，灑上薑絲淋上醋後，吃起來滑嫩清爽，這碗甜中帶酸的鴨肉羹，是用食材的原始美味來招呼客人的呢。

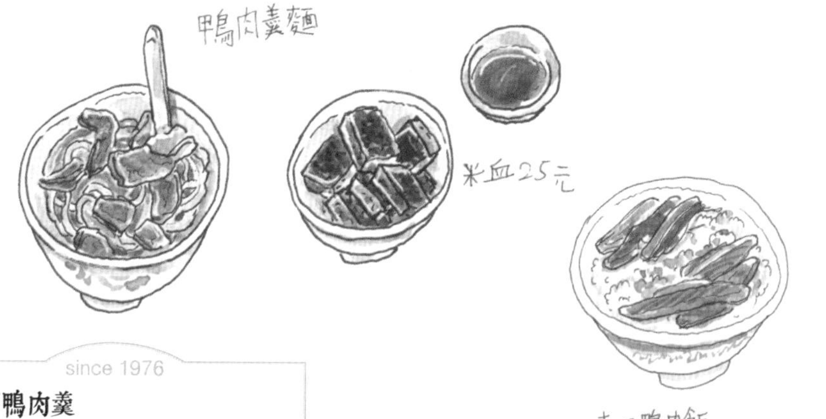
東巧鴨肉飯
小小一碗，幾片鴨肉片，
小貴但味道真的好…

since 1976

東巧鴨肉羹

- 台南市中西區永福路二段194號
- 06-2286611
- 11:00~19:00

光彩繡莊

國寶級傳統刺繡手藝

府城老繡才林玉泉，每天早上總是從喝一杯咖啡開始一日的工作。雲門舞集的林懷民先生曾帶外籍友人來他的店裡拜訪，對岸成都刺繡學校的主管也特地來找他分享台灣的刺繡文化。儘管老店備受關注，刺繡工藝在台灣日趨式微也是不爭的事實。七十三歲的老師傅林玉泉期望透過認真的分享推廣，讓這門民間藝術繼續流傳後代，讓下一代也能體會傳統刺繡之美。

人稱「阿泉師」的林老闆是台南安南區鹽田里人，十六歲拜師學藝，熬了三年四個月正式出師，刺繡生涯一甲子。阿泉師自小立志當老闆，退伍後到台北繡莊擔任近十年的師傅，婚後回到台南，三十五歲左右籌措創業資金，先以家庭代工方式開設了「芳苑繡莊」，由於手藝好價格實在，當時店內還請了十多位刺繡人手幫忙。

繡針在綢布上上下下不停游動，可見這行業師傅所需的眼力與細膩。無奈面臨工業化和對岸廉價製品產業衝擊，這項傳統藝術逐年沒落，阿泉師仔細審慎自家生意和刺繡業的未來，體認到慢工出細活的手藝講究的還是精緻度，如能將傳統工藝轉變爲藝術品，除了可提高作品的藝術高度，也可提高定價；於是他轉變經營方針，由代工轉爲零售，決定從四十二歲起要以人生過得光彩來自勉，創立「光彩繡莊」。

店內的兩位女繡才，是阿泉師的太太和小姨子，兩人是超過四十五年刺繡經驗的老手，也是撐起繡莊的幕後功臣。平日拜訪可見她們在店內忙著張羅生意，隨和的兩人邊鬥嘴邊忙著手上的工作，她們很高興自己能以光彩刺繡師傅的身分，被世界很多角落的人們看到。阿泉師的女兒已開始學習接棒成第二代，還有一位年輕的女孩子因興趣也進入光彩當學徒，看到有年輕人願意投入這項辛苦的老手藝，令人替光彩的未來感到開心。爲了推廣刺繡藝術，光彩也推出體驗課程，讓民眾學習並了解刺繡之美，並將課程中完成的作品車縫成束口袋，成爲民眾遊訪府城的「繡才紀念品」。

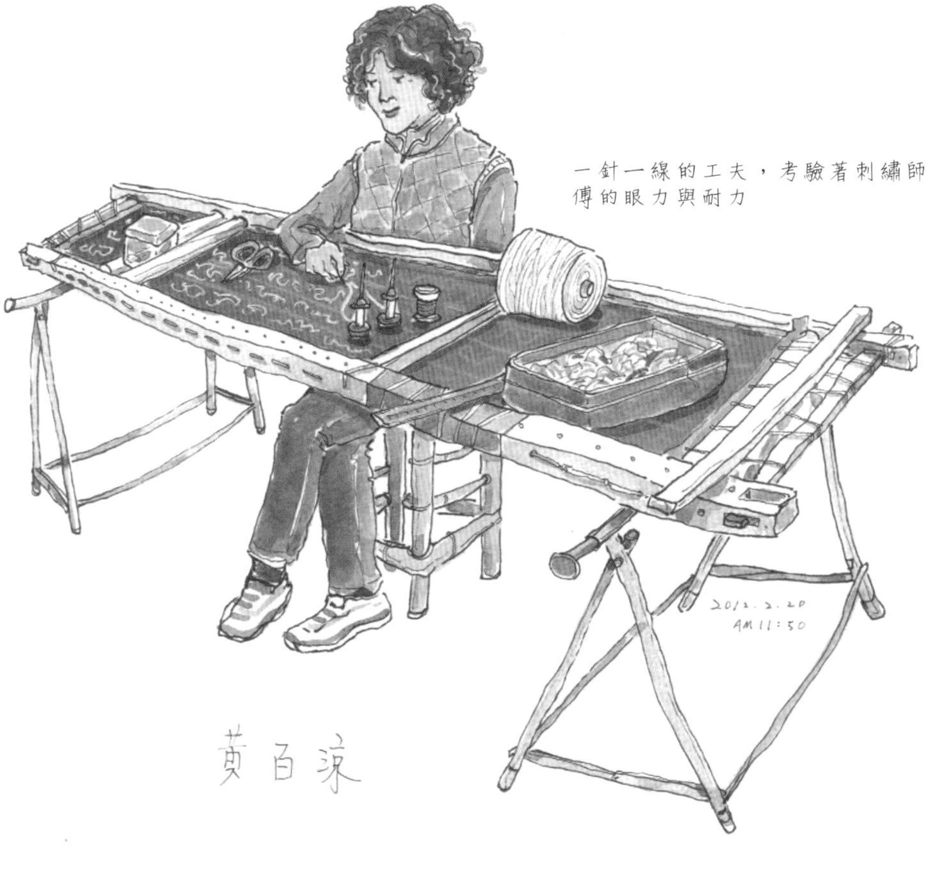

一針一線的工夫，考驗著刺繡師傅的眼力與耐力

since 1983

光彩繡莊

台南市永福路二段 186-3 號
06-2271253
08:00~22:00（全年無休）

久等了，親愛的老闆們……

文峰茶莊 陳玉雄

石精臼牛肉湯 王石山 楊麗珠

再發號肉粽 張英美

合成帆布行 宋合足

合成帆布行 王秀美

合成帆布行 廖重光

明章楊楊米 洪施明

胡記麵館 胡德安

新裕珍餅舖 柯炳章

新裕珍餅舖 柯陳麵

蜜桃香 陳秋芬

廣興肉脯店 陳建誠

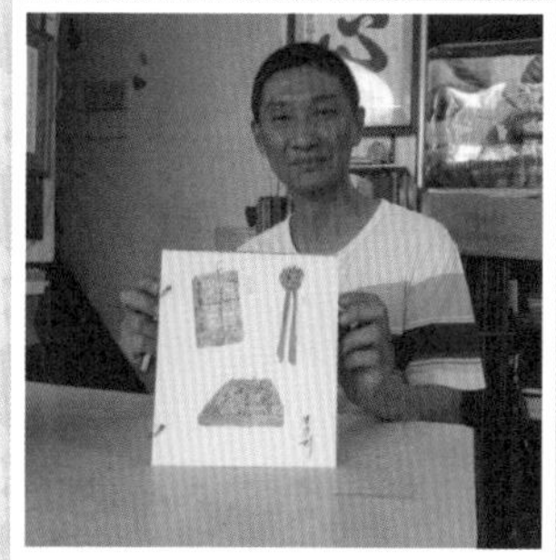
錦源榮喜幛 陳清彬

蘇家－建國蝦仁肉圓 蘇琳

左藤紙藝薪傳 洪國霖

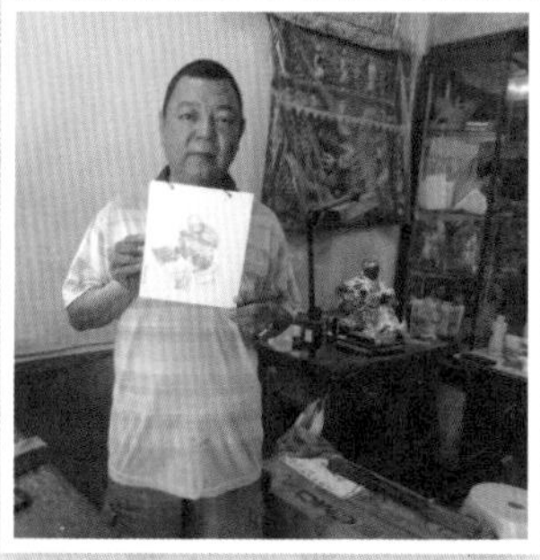
和成軒佛俱店 林炎和

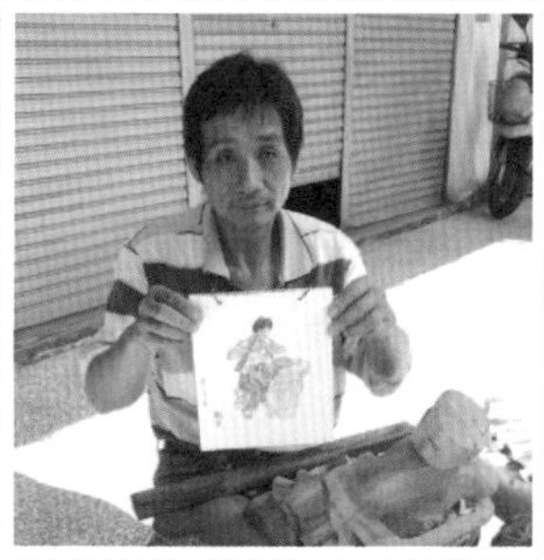
和成軒佛俱店 黃文庭

手繪電影看板師 顏振發

王泉盈紙莊 黃秀貞

兩角銀冬瓜茶 陳永和

光彩繡莊 黃百涼

光彩繡莊 黃清月

吳萬春香舖 吳博男

吳萬春香舖 陳蓮

武廟肉圓 陳淑娥 張庭嘉

金利號 溫啓裕

金泉成雜糧行 王錫碧

金泉成雜糧行 王東林

金德春茶行 林岳陽

泉興榻榻米 沈混泉

洪芋頭担仔麵 洪佩吟

美豐工業原料行 葉羿伶

宮後街冰攤 黃武雄 蘇淑姿

振行鞋行（百年木屐）郭守興

隆興亞鉛店 吳雪玉

義豐冬瓜茶 林嵩山

義豐冬瓜茶 林黃玉葉

榮記號糕粉廠 林進成

魏俊邦雕刻研究社 蘇金龍

魏俊邦雕刻研究社 陳彥均

【旅人之星】MS1051X

台南老店散步：回味本町摩登老時光

作　　者　陳貴芳（鱷魚）
封面設計　走路花工作室
版面規畫編排　走路花工作室
總 編 輯　郭寶秀
協力編輯　周奕君
行　　銷　力宏勳

事業群總經理　謝至平
發 行 人　何飛鵬
出　　版　馬可孛羅文化
台北市南港區昆陽街16號4樓
電話：886-2-2500-0888　傳真：886-2-2500-1951
發　　行　英屬蓋曼群島商家庭傳媒股份有限公司城邦分公司
台北市南港區昆陽街16號8樓
客服專線：02-25007718；02-25007719
24小時傳真專線：02-25001990；02-25001991
服務時間：週一至週五上午09:30-12:00；下午13:30-17:00
劃撥帳號：19863813　戶名：書虫股份有限公司
讀者服務信箱：service@readingclub.com.tw
城邦網址：http://www.cite.com.tw
香港發行所　城邦（香港）出版集團有限公司
香港九龍土瓜灣土瓜灣道86號順聯工業大廈6樓A室
電話：852-25086231　傳真：852-25789337
電子信箱：hkcite@biznetvigator.com
馬新發行所　城邦（馬新）出版集團
Cite（M）Sdn. Bhd.（458372U）
41, Jalan Radin Anum, Bandar Baru Seri Petaling,
57000 Kuala Lumpur, Malaysia.
電話：+6(03)-90563833　傳真：+6(03)-90576622
電子信箱：services@cite.my

輸出印刷　前進彩藝有限公司
二版一刷　2024年12月
定　　價　420元（紙書）
定　　價　294元（電子書）

ISBN：978-626-7520-39-0（平裝）
EISBN：9786267520413（EPUB）
城邦讀書花園
www.cite.com.tw

國家圖書館出版品預行編目（CIP）資料

台南老店散步：回味本町摩登老時光／陳貴芳（鱷魚）文.圖. -- 二版. -- 臺北市：馬可孛羅文化出版：英屬蓋曼群島商家庭傳媒股份有限公司城邦分公司發行, 2024.12
面；　公分. --（旅人之星；MS1051X）
ISBN 978-626-7520-39-0（平裝）

1. CST: 遊記　2. CST: 商店　3. CST: 臺南市

733.9/127.69　　113017211

文峰
烏龍